Jean-Jacques Rousseau

rowohlts monographien
begründet von
Kurt Kusenberg
herausgegeben von
Uwe Naumann

# Jean-Jacques Rousseau

Dargestellt von
Bernhard H. F. Taureck

*Rowohlt Taschenbuch Verlag*

Umschlagvorderseite: Jean-Jacques Rousseau.
Gemälde von Allan Ramsay, 1766
Umschlagrückseite: Jean-Jacques Rousseau.
Marmorbüste von Jean Antoine Houdon, 1779
Titelseite des «Émile ou l'éducation», Bd. 1. Den Haag 1762

*Ritae, quasi in insula fortunatorum …*

*E alle stelle del MioMare.*

*Originalausgabe*
*Veröffentlicht im Rowohlt Taschenbuch Verlag,*
*Reinbek bei Hamburg, Juli 2009*
*Copyright © 2009 by Rowohlt Verlag GmbH,*
*Reinbek bei Hamburg*
*Umschlaggestaltung any.way, Hannah Krause,*
*nach einem Entwurf von Ivar Bläsi*
*Redaktion Wolfgang Müller*
*Redaktionsassistenz Katrin Finkemeier*
*Reihentypographie Daniel Sauthoff*
*Layout Ingrid König*
*Satz Proforma und Foundry Sans PostScript,*
*InDesign 5.0.3*
*Gesamtherstellung CPI – Clausen & Bosse, Leck*
*Printed in Germany*
*ISBN 978 3 499 50699 4*

# INHALT

Pastellporträt Rousseaus von
Maurice Quentin de la Tour, 1753

# Warum Jean-Jacques Rousseau uns weiterhin berührt und beunruhigt

Fast alle Autoren der Vergangenheit interessieren uns allein in historischer Distanz, berühren uns kaum und beunruhigen uns so gut wie niemals. Wenn es aber einen Autor gibt, der nicht nur seine Zeitgenossen extrem gegen sich und extrem für sich einnahm, sondern dem es noch immer gelingt, seine Leser herauszufordern und zutiefst zu beunruhigen, so ist dies der 1712 geborene Jean-Jacques Rousseau. Er habe mit seiner Schreibfeder mehr bewirkt als alle großen Denker zusammen, urteilte man im 19. Jahrhundert. Napoleon dagegen wünschte sich, Rousseau wäre niemals auf die Welt gekommen.

Rousseaus Biographie ist bis in jede Einzelheit hinein durchleuchtet, seine Schriften sind Satz für Satz kommentiert. Trotzdem bleibt, trotzdem wird noch immer viel zu tun bleiben. Jede Zeit verteilt neu ihre Akzente. Die unsrige hat den Rousseau der Zivilisationskritik wiederentdeckt: Zivilisation läuft auf Selbstzerstörung der Menschengattung hinaus, die sich vielleicht nicht aufhalten, sondern nur verlangsamen lässt. In dieser Hinsicht muss Rousseau neu vermessen werden. Dasselbe gilt von seinen Bemühungen, endlich Staatsbürger und Mensch miteinander auszugleichen. In einer Zeit der Globalisierung und sich verstärkenden Globalisierungskritik erhält Rousseau eine Aktualität zurück, die zuvor nur latent war. Rousseau spricht zudem nicht nur zu unserem Verstand, sondern er berührt elementare Zonen unseres Wollens und Fühlens.

Wie erklärt sich jene noch immer von Rousseau ausgehende Beunruhigung? Im Vorgriff auf eine genauer zu begründende Antwort sei vorgeschlagen: Er hat die Möglichkeit aufgezeigt, dass die Menschen, um sich fortzuentwickeln, einen uralten Glückszustand aufgaben und in einen fatalen Sog der Selbstzerstörung gerieten, der allenfalls verlangsamt, aber nicht aufgehalten werden kann. Weder gibt es ein – Rousseau seit Voltaire mit Absicht fälschlich unterstelltes – «Zurück zur Natur», noch kann es eine politische Gesellschaftsform geben, die uns vor diesem Sog bewahren könnte. Also ist Rousseau ein Prophet des Unheils? Er ist es nicht. Was ihn von Unheilspropheten unterscheidet, schafft vielleicht erst den Grund für seine Faszination: Immer wieder – in seiner Selbstbiographie, in seinem politischen Werk, in seinem Roman, in seiner Erziehungsschrift – weist er uns auf, wie nah, wie erreichbar, wie unkompliziert individuelle Glückszustände («Glück» verstanden als erlebter Einklang mit sich selbst, den anderen und der Natur) zu sein vermögen und wie ein Gemeinwesen mühelos allgemeine und individuelle Güter schaffen könnte. *Der Mensch scheint offenkundig dazu bestimmt, das glücklichste Geschöpf zu sein; urteilt man nach dem gegenwärtigen Zustand, so erscheint die Menschengattung von allen die beklagenswerteste. Die Mehrzahl ihrer Übel sind sein Werk. Der Mensch hat mehr getan, um seine Lebensbedingungen zu verschlechtern, als die Natur hat tun können, um sie passend einzurichten.*[1]

Nicht leugnen lässt sich: Rousseau war selbst Künstler und Feind der Kunst, Individualist und Kollektivist, Feind des Denkens und scharfsinniger Denker. Er entdeckte als Erster die Kindheit als eigenständige Dimension des Menschen und lieferte seine eigenen fünf Kinder gegen den Willen ihrer Mutter als Säuglinge in einem Heim ab. Die Dissonanzen anderer provozieren moralische Verurteilungen. Bis heute wird Rousseau für seine von ihm subjektiv begründete als auch bereute Fortgabe seiner Kinder verurteilt und verdammt. Jenes Verdammungsurteil entstammt einer Gesellschaft, der das Kindeswohl über alles geht, die zugleich aber die gesamte Kindheit als Störfaktor empfindet und die den jährlichen Tod von Millionen Kindern in armen Ländern als unabwendbares Schicksal akzeptiert. Es besteht kein Grund zu der Ansicht, dass Rousseau sich in Dissonanzen verstrickte, die wir längst hinter uns gelassen hätten. Und wir können uns durchaus vorstellen, dass man sich im Jahr 2312, wenn der 600. Geburtstag Rousseaus begangen wird, an unsere Zeit vor allem mit Scham- oder Mitleidsgefühlen erinnern wird.

In der Literatur wird gewöhnlich zu wenig gewürdigt, dass Rousseau in den Bereichen, in denen er sich betätigte, fast überall bahnbrechend Neues geleistet hat. Eine heroisierende Geschichtsschreibung reserviert den Titel «Universalgenie» für Gestalten wie Leonardo da Vinci oder Gottfried Wilhelm Leibniz. In Wirklichkeit existiert kein Autor, der unsere Zivilisation genauer als Möglichkeit völligen Scheiterns analysiert hat als Rousseau. Niemand hat zudem wie er die Musikästhetik modernisiert und die politische Souveränität nicht mehr als Elitenfunktion, sondern als Angelegenheit aller Mitglieder einer Gesellschaft konzipiert. Niemand hat wie er den Eigenwert der Kindheit erschlossen und die Pädagogik in diesem Sinn grundlegend reformiert. Zugleich erfand er für die Selbstdarstellung eine Sprache, welche die Gottesorientierung des Augustinus durch innerweltliche Sensibilität ersetzt und zugleich die europäische Romantik vorbereitet. Keiner seiner Zeitgenossen hat sich vergleichbar mit so unterschiedlichen Gebieten beschäftigt wie er. Voltaire war Poet und philosophischer Schriftsteller und ist trotz seiner immensen Wirkung nicht mit dem vielseitigen, schöpferische Durchbrüche wagenden Rousseau vergleichbar. Dass Rousseau auch noch über Botanik und Chemie als Gebiete schrieb, in denen er sich auskannte, dass er einen erst im 20. Jahrhundert gewürdigten *Essai sur l'origine des langues* verfasste, sollte nicht unerwähnt bleiben.

Die Tatsache, dass Rousseau nie eine Schule besucht hat, sondern vollständig Autodidakt war, legt die Frage nahe, ob die immer noch geltende Dichotomie «entweder Schulbildung und Chancen auf Erfolg oder keine Schulbildung und Verlorensein» in der Weise zutrifft, wie stets suggeriert wird. Rousseau hätte sich der Schulzucht vermutlich nicht zu unterwerfen verstanden. Er bildet insofern eine eigene Gattung, als die Innovationen der anderen sich in der Regel auf Optimierungen des Bestehenden richteten, während Rousseau das Bestehende restlos in Frage stellte und Vorschläge lieferte, ihm ohne utopische Beliebigkeit zu entkommen.

Schuldenfrei gegenüber einem bestehenden System schulischer und universitärer Didaktik, konnte Rousseau für sich beanspruchen, *jenseits seines Jahrhunderts zu leben*[2].

Rousseaus Weg verläuft, wie immer man ihn im Einzelnen einteilen mag, in drei großen, völlig unterschiedlichen Phasen. Er beginnt mit einer Zeit des Lebens und Erlebens voller Träume und Wachheit, dann folgt eine Zeit des leidenschaftlichen Verfassens kulturkritischer, musiktheoretischer, politischer sowie pädagogischer Texte und eines Romans, schließlich mündet er in eine Zeit der Neuerfindung seines erlebten Lebens in Gestalt autobiographischer Texte von damals nicht bekannter Dichte.

Was sagt er uns? Der amerikanische Aufklärungskenner Robert Darnton notierte: «Jede Zeit erschafft sich ihren eigenen Rousseau. Wir hatten den Rousseau der Anhänger Maximilien de Robespierres, den romantischen, den progressiven, den totalitären und den neurotischen Rousseau. Ich möchte den Anthropologen Rousseau ins Spiel bringen. Rousseau erfand die Anthropologie.»[3] Dies tat er sicherlich nicht (Michel de Montaigne und die französischen Moralisten hatten bereits vor Rousseau die größten anthropologischen Schätze zusammengetragen), er fügte aber der Anthropologie zweierlei hinzu: ein strukturelles Dissonanzwissen um die Glücksmöglichkeiten unserer Gattung und Versuche, umfassend auszuloten, wie diese Dissonanzen behoben oder abgemildert werden können. Von sich selbst bemerkt er einmal, das Pathos seiner Vollendung der Aufklärung zuspitzend: *Ich ziehe es vor, ein Mensch der Paradoxe statt einer der Vorurteile zu sein.*[4]

Alle Rousseau-Zitate in dieser Monographie wurden vom Verfasser nach den französischen Originalen übersetzt. Zitiert wird Rousseau, sofern nicht anders vermerkt, als «OC» mit Bandzahl und Seitenangabe. «OC» steht für *Œuvres complètes*, die 1959 – 1995 kommentiert als Pléiade-Ausgabe bei Gallimard erschienen. Neben den unschätzbar reichhaltigen Kommentaren dort erschienen unter anderem bei Gallimard und Flammarion ausführlich kommentierte Editionen von Einzelschriften, die die OC-Edition sinnvoll ergänzen und modernisieren. An dieser Stelle seien noch verschiedene Hilfsmittel genannt, auf die heute eine anspruchsvolle Lektüre und Deutung Rousseaus nicht verzichten kann. Es handelt sich um:

1. Dictionnaire de Jean-Jacques Rousseau. Publié sous la direction de Raymond Trousson et de Frédéric S. Eigeldinger. Paris 2001.

2. Jean-Jacques Rousseau. Mémoire de la critique. Textes réunis par Raymond Trousson. Paris 2000. Hier werden auf 630 Seiten all jene Texte von Zeitgenossen zu Rousseaus Schriften versammelt,

die seine dramatische Wirkung auf seine Zeit dokumentieren und ohne deren Kenntnis nicht abschätzbar wäre, inwiefern Rousseau von Anfang an eine ungebrochene Aufmerksamkeit zuteilwurde.

3. Im Jahr 2003 erschien bei Talandier in Paris die 850 Seiten umfassende Biographie «Jean-Jacques Rousseau» von Raymond Trousson, die den derzeit verfügbaren Stand des biographischen Wissens über unseren Autor enthält.

4. Der Kenner wird auch noch auf eine 430 Seiten umfassende chronologische Zusammenstellung aller Lebensdaten Rousseaus zurückgreifen: Raymond Trousson, Frédéric S. Eigeldinger (Hg.): Jean-Jacques Rousseau au jour le jour. Chronologie. Paris 1998.

5. Von großem Nutzen ist auch eine reich kommentierte Auswahl von philosophisch interessanten Briefen Rousseaus durch J.-F. Perrin: Jean-Jacques Rousseau: Lettres philosophiques. Anthologie. Paris 2003.

6. Hilfreich wird auch die von Michel Launay bei Le Seuil edierte Ausgabe der autobiographischen Schriften insofern bleiben, als sie eine der genauesten Chronologien zu Rousseau enthält und zudem die ansonsten schwer zugängliche Biographie Rousseaus von seinem Freund im Alter, dem Romancier Bernardin de Saint-Pierre, vollständig abdruckt: Jean-Jacques Rousseau: Œuvres complètes I. Œuvres autobiographiques. Hg. von Michel Launay. Paris 1967.

# Genf, Turin, Annecy: Kindheit und die Flucht in die Freiheit

Rousseaus Kindheit verläuft in fünf Phasen: Da seine Mutter am 7. Juli 1712, neun Tage nach der Geburt von Jean-Jacques, an Kindbettfieber stirbt, wächst er zunächst bei seinem Vater, dem Uhrmacher Isaac Rousseau in Genf auf. Als sein Vater 1722 wegen eines drohenden Prozesses nach Nyon, damals im Kanton Bern, flieht, verbringt der Zehnjährige ein gutes halbes Jahr bei dem Pastor Jean-Jacques Lambercier, dann ein Jahr bei seinem Onkel Gabriel Bernard. 1725, nach einer gescheiterten Lehre als Schreiber, beginnt er eine Lehre als Graveur in Genf, die er im März 1728 nach drei Jahren der Erniedrigung durch die Flucht aus Genf beendet. Die ersten drei Abschnitte seines Lebens waren im Ganzen voller Glück, der vierte brachte erniedrigende Knechtschaft, die fünfte

Das Gemälde von Robert Gardelle zeigt Genf zu Beginn des 18. Jahrhunderts.

Phase war der Schritt in das Risiko der Freiheit, das Rousseau für sein gesamtes weiteres Leben fünfzig Jahre lang auf sich nahm. Hierdurch unterscheidet er sich im Grunde von allen bedeutenden Autoren der Geschichte. Wodurch er sich von anderen großen Autoren ebenso grundsätzlich abhebt, ist ein Leben als beständige Wanderschaft, als beständige Selbstbefreiung, ist sein Ausgesetztsein in einer gesellschaftlichen Stabilität, die künftige Instabilitäten unverkennbar andeutet. Als er am 15. März 1728, fast sechzehnjährig, Genf endgültig verlässt, wird ihm bewusst, was er als Auszubildender erlebt hat. Er findet ein Wort für die Sache, die er am meisten und zutiefst verabscheut: die *Unterwerfung* (*assujetissement*) im Sinne einer *knechtischen Versklavung. Ich liebe innig die Freiheit: Mich entsetzt das Gehindertsein, die Bestrafung, die Unterwerfung.*[5] In dem französischen «assujetissement» kommt stärker als in unserem «Unterwerfung» zum Ausdruck, dass man in diesem Verhältnis zum «sujet» wird: zur Sache, zum Objekt, mit dem andere umgehen, wie ihnen beliebt, zum Gegenstand ohne Selbstbestimmung, als welchen zu verstehen man sich selbst mehr und mehr angewöhnt. Im Januar 1751 – Rousseau ist soeben für seine

preisgekrönte Abhandlung über die Wirkung der Wissenschaften und Künste berühmt geworden – kündigt er seine Stelle als Sekretär und Kassenverwalter bei dem reichen Bankier Louis-Claude Dupin de Francueil. *Leben in der Unterwerfung unter eine Anstellung, für die ich nur Widerwillen empfand*, gibt er als Grund an. Er wählt für den Rest seines Lebens die bescheidene Arbeit eines Notenkopisten. Auf diese Weise konnte er *ohne persönliche Unterwerfung* seinen Lebensunterhalt fristen.[6] Seine Begründung dafür, dass er nicht vom Schreiben leben wolle, reicht jedoch viel weiter und untersteht seiner Lebensmaxime, sich der Wahrheit zu widmen: *Es ist allzu schwierig, edel zu denken, wenn man nur um zu leben denkt. Um große Wahrheiten sagen und wagen zu können, darf man nicht von seinem Erfolg abhängen.* Mit Humor fügt er hinzu: *Mein Beruf könnte mich ernähren, wenn sich meine Bücher nicht verkauften, und ebendeshalb verkaufen sie sich.*[7] Giacomo Casanova besuchte Rousseau in Begleitung einer Madame d'Urfé in Montmorency und bestätigt, obgleich Rousseau nicht zugeneigt, seine zuverlässige Arbeit. Madame «bringt ihm Noten, die er wunderbar korrekt kopierte. Man bezahlte ihm das Doppelte von dem, was man einem anderen bezahlt hätte, aber er garantierte, dass man keine Fehler fände. Er lebte davon.»[8]

Die Folgen von Rousseaus Flucht aus Genf sind noch heute ablesbar aus einer notariell beglaubigten Übereinkunft zwischen dem Graviermeister Abel Du Commun und Isaac Rousseau. Die Flucht wird hier mit dem militärischen Begriff der «Desertion» belegt, und Rousseaus Vater verpflichtet sich zur Zahlung von 25 Talern Schadenersatz für die abgebrochene und zugleich als ungültig erklärte Lehre für den Fall, dass Jean-Jacques nicht innerhalb von vier Monaten zurückkehrt.[9] Rousseaus um sieben Jahre älterer Bruder François verließ vermutlich kurz nach Jean-Jacques ebenfalls Genf in Richtung Deutschland. Er kehrte nie mehr zurück und verschwand spurlos.[10] Im Unterschied zu Jean-Jacques galt er als schwer erziehbar und wurde mehrfach eingesperrt. Abraham, der um ein halbes Jahr ältere Cousin von Jean-Jacques (der Sohn von Isaacs Bruder Gabriel Bernard), verließ Genf etwas später (1734) und starb 1737 verarmt an Fieber im amerikanischen Charlestown.

Das *Fluchtprojekt* steht nicht nur im Namen der *Unabhängig-*

keit, sondern auch im Bewusstsein, *mich dem Schrecken des Elends auszuliefern, ohne ein Mittel zu wissen, ihm zu entkommen.* Mehr noch, Rousseau beschließt das erste Buch seiner *Confessions* mit einem fiktiven Ausblick auf *ein Leben in der Genfer Gemeinschaft, ein friedliches und sanftes Leben, wie mein Charakter es gebraucht hätte, in der Einförmigkeit einer mir zusagenden Arbeit und in einer Gesellschaft nach meinem Herzen.* Er hätte ein *einfaches und unauffälliges Leben* geführt und wäre *bald vergessen worden.*[11] Hier wird eine Dissonanz hörbar zwischen staatsbürgerlich-anonymer Existenz und einem Ausgesetzt-, Verlassen- und Einsamsein. Das spätere Werk Rousseaus mündet zu einem nicht unwesentlichen Teil in die schriftstellerische Arbeit an diesem Gegensatz: Die Schrift *Du contrat social* erkundet die Bedingungen staatsbürgerlich gelingender Vergesellschaftung, während *Les Rêveries du promeneur solitaire* die Bedingungen völliger Einsamkeit ausloten. Das Bekenntnis zu Genf ist auch an dieser Stelle nicht ironisch. In der ersten Phase seiner Kindheit war Rousseau mit seinem Vater Zeuge eines Volksfestes. Kinder und Frauen strömten hinzu, alle umarmten einander. Isaac Rousseau bemerkte zu Jean-Jacques: *Jean-Jacques, habe dein Land lieb. Siehst du diese guten Genfer? Sie sind alle Freunde, sie sind alle Brüder; die Freude und die Eintracht herrschen unter ihnen.*[12]

Die fünf Phasen seiner Kindheit und beginnenden Jugend hat Rousseau mit größter Sorgfalt als Buch I seiner *Confessions* ausgestaltet. In einer Vorstudie, *Mon portrait* betitelt, bezeichnet er bildlich, wie er in seiner Selbstdarstellung verfahren möchte: *Ich bin Beobachter und nicht Moralisierer. Ich bin der Botaniker, der die Pflanze beschreibt. Dem Arzt kommt es zu, ihren Nutzen zu bestimmen.*[13] Dieser Versuch reiner Beschreibung, das Bemühen, *meine Seele vor den Augen des Lesers transparent werden zu lassen*[14], verbindet sich für ihn mit der Beobachtung, *lange Kind* gewesen und es noch immer zu sein.[15] Die Bedeutung der Kindheit bestimmt daher die des Erwachsenseins in seinem Verständnis maßgeblich mit. Eine Besonderheit kommt hinzu: *Die Gegenstände beeindrucken mich weniger als die Erinnerungen an sie, und all meine Vorstellungen bestehen aus Bildern.*[16]

Jean-Jacques Rousseau erwähnt Details, verliert sich aber nie in ihnen. Als ein halbes Jahr nach Revolutionsbeginn 1789 die Bücher VII bis XII der *Confessions* erscheinen, heißt es im «Journal de Paris» treffend: «Doch der größte Reiz dieser Lektüre kommt aus dem seltenen Talent des Autors, Interesse für die kleinsten Gegenstände zu wecken und selbst für Details, die aus einer anderen Feder bloß pueril wären.»[17] Die Forschung hat inzwischen «die Echtheit der Angaben in den *Confessions* angezeigt und daneben gelegentliche Datierungsirrtümer» vermerkt.[18]

Im Unterschied zu dem über Rousseau umlaufenden Bild eines Menschen ohne Humor und Sinn für Situationskomik ist sein Leben voll heiterer Momente gewesen, und seine Erzählungen sind nicht selten komödienreif. Mit sieben Jahren hat er *einmal in den Kochtopf einer unserer Nachbarinnen gepisst, die Frau Clot hieß, während sie in der Kirche war.* Dies mache ihn *noch heute lachen*, denn die gute Frau sei *die Alte gewesen, die am meisten schimpfte.*[19] In Genf wollte ihm eine von den Behörden überwachte Frau namens Tribu Schriften ausleihen, *die man, wie sie sagte, nur mit einer Hand lesen könne.* Doch Rousseau betont, obszöne Bücher habe er, von seinem *Glück* und vom *Zufall* davor bewahrt, nicht vor seinem dreißigsten Jahr kennengelernt.[20] Selbst für die Schilderung eines Todes findet er Worte der Komik und des Humors. Das Sterben seiner ersten Arbeitgeberin, der Witwe Thérèse de Vercellis in Turin, beschreibt er so: *Bereits in den Kämpfen der Agonie, ließ sie einen großen Furz. «Gut», sagte sie und drehte sich um, «eine Frau, die furzt, ist nicht tot.» Das waren die letzten Worte, die sie sprach.*[21] Bis heute scheint man indes an dem Zerrbild eines melancholischen, hypochondrischen, an seinem Lebensende von Verfolgungswahn geplagten Jean-Jacques Rousseau weitaus mehr interessiert zu sein als an dem Humoristen Rousseau, der in manchen Schilderungen den großen französischen Meistern des Komischen – Rabelais, Montaigne und Molière – nicht nachsteht. In der Bibliothek seiner Mutter, so berichtet er, befanden sich schließlich einige Bände Molière.

Sind die zitierten Berichte über seine Kindheit eines Rabelais würdig, so lag die Faszination jener dreizehn Jahre älteren Françoise-Louise de Warens, zu der er 1729 nach seiner Konversion in Turin zurückkehren wird, für Rousseau nicht zuletzt darin, dass *sie alles mit und als Heiterkeit nahm.* Während er mit ihr Arzneien mischte, hörten die Bediensteten im Nebenzimmer *Ausbrüche von Gelächter* und glaubten eine *Farcen-Komödie zu hören.* War Rousseau genervt von den zahllosen im Warens-Haus aus und ein gehenden

Die Rue de Coutance im Viertel Saint-Gervais in Genf,
wohin Rousseaus Vater mit seinen Kindern 1717 zog.
Kolorierter Stich von Christian Gottfried Heinrich Geissler

Personen, so geschah Folgendes: *Meine wütende Aufregung ließ sie Tränen lachen, und was sie noch mehr lachen ließ, war, dass sie mich noch wütender werden sah, weil ich mich selbst nicht hindern konnte zu lachen.*[22]

Später, 1750 in Paris, zu der Zeit, als Rousseau seinen alsbald preisgekrönten *Discours sur l'origine de l'inégalité* gegen den Kulturoptimismus nach Dijon abschickte, gab es in seinem Freundeskreis, zu dem der deutsche Friedrich-Melchior Baron von Grimm und ein Herr Klüpfel gehörten, einen Anlass zu dem größten von Rousseau berichteten Lachexzess. Thérèse Levasseur, Rousseaus spätere Ehefrau, glaubte in ihrer Unkenntnis, Klüpfel sei der Papst, und behauptete, *dass der Papst mich soeben besucht hat.* Rousseau erzählt dies sogleich Grimm und Klüpfel. *Wir gaben dem Mädchen aus der Rue des Moineaux den Namen der Päpstin Jeanne. Das Lachen wollte nicht erlöschen, wir erstickten.* Dann fügt er eine Korrektur seines Bildes hinzu, die allerdings bis heute nicht hinreichend zur Kenntnis genommen scheint: *Diejenigen, die in einem von ihnen mir zugeschriebenen Brief mich sagen ließen, ich hätte nur zweimal in mei-*

*nem Leben gelacht, haben mich zu jener Zeit und in meiner Jugend nicht
gekannt: Denn dann wäre ihnen dieser Einfall ganz sicher niemals in den
Sinn gekommen.*[23] Auch im Alter lachte Rousseau, wie Bernardin de
Saint-Pierre zu berichten weiß, noch gern und ungezwungen.[24]

Frauengestalten und Bücher, das sind die maßgeblichen Bilder
seiner Kindheitserinnerungen. Die erste Frauengestalt ist seine
Mutter Suzanne Bernard, die 1673 geboren wurde und mit 39 Jahren nach der Geburt von Jean-Jacques starb. Rousseaus Vater *tröste-
te sich niemals* über den Verlust von Suzanne hinweg. *Er glaubte sie
in mir wiedergeboren, ohne imstande zu sein, zu vergessen, dass ich sie
ihm genommen hatte.*[25] Rousseaus Mutter war künstlerisch begabt
und aktiv, zeichnete, dichtete und sang. Zu den Bedingungen der
glücklichen ersten Kinderzeit Rousseaus gehört, dass seine Tante,
die Schwester seines Vaters, die ebenfalls Suzanne hieß, einen
würdigen Mutterersatz bot. Sie *rettete* den *fast tot* Geborenen, und
Rousseau ist überzeugt, *ihr den Geschmack oder eher die Leidenschaft*
für die Musik zu verdanken.[26] Ihrem weiblichen Einfluss schreibt
er die *Schwäche* in seinem Charakter zu, das *zärtliche* oder *weibische*
Element, die *Weichlichkeit*, ein Element, das ihn *in Widerspruch mit
sich selbst* setzt, denn die anderen Elemente seien *Mut* und *Tugend-
stärke*. Zusammen ergebe sich ein *Herz, das zugleich so stolz und so
zärtlich* sei, ein *Charakter, weibisch und dennoch unbezähmbar.*[27] Tante Suzanne Rousseau starb 1774 mit 92 Jahren; Rousseau hatte ihr
seit 1768 eine kleine jährliche Rente von 100 Franken zukommen
lassen.

Zwölfjährig verliebte sich Rousseau, mit seinem *gesamten
Kopf*[28], in die zweiundzwanzigjährige Charlotte de Vulson, mit
der er sich Briefe in einem *Pathos* schrieb, der *Felsen sprengen könnte.*
Die *Treulose* verheiratete sich jedoch.[29] Anders verhielt es sich mit
der gleichaltrigen Mademoiselle Goton: *Sie erlaubte sich mit mir die
größten Intimitäten, ohne mir zugleich eine einzige mit ihr zu erlauben;
sie behandelte mich exakt als Kind.* In Genf riefen die Mädchen daher
halblaut: *Goton tic tac Rousseau*, das heißt: Die Goton versohlt Rousseau den Hosenboden.[30]

Prügel von Frauenhand bilden für Rousseau seine früheste
imaginäre Verbindung zur Sexualität, und er ist dieser Überlegung
mit zu seiner Zeit unbekannter Offenheit und Genauigkeit nach-
gegangen. Prügel auf den Hintern durch Gabrielle Lambercier

führten dazu, dass *ich im Schmerz und sogar in der Scham eine Mischung Sinnlichkeit gefunden habe, die bei mir mehr Begierde als Furcht hinterließ, sie noch einmal von derselben Hand zu erfahren. Es mischte sich hier etwas frühreifer Geschlechtsinstinkt bei.*[31] Und als erotische Imagination bleibt nicht aus: *Einer befehlenden Geliebten auf den Knien zu sitzen, ihren Befehlen zu gehorchen, sie um Pardon zu bitten, das waren für mich sehr süße Genüsse.*[32]

Den jungen Rousseau prägte vor allem die Lektüre. Etwa im Alter von fünf Jahren fing er an, Romane aus der Bibliothek seiner Mutter zu lesen. Nach dem Essen begannen sein Vater und er mit der Lektüre. *Wir waren unfähig, jemals vor dem Ende des Bandes aufzuhören. Manchmal bemerkte mein Vater, wenn er am Morgen die Schwalben hörte, ganz verschämt: «Gehen wir schlafen, ich bin mehr Kind als du.»*[33] Hier wird die grundsätzlich ungetrübte Beziehung eines frühreifen Sohnes zu seinem Vater deutlich. Allerdings verschweigt Rousseau, dass nicht nur sein Bruder François, sondern auch er selbst einmal von seinem Vater zur Strafe eingesperrt wurde.[34] Im Unterschied zu seinem Bruder fand sich Jean-Jacques als

Rousseaus Vater
Isaac Rousseau.
Anonyme Miniatur
des 18. Jahrhunderts

*geliebtes, niemals als verwöhntes Kind* behandelt.[35] Wenn sein auf-
sässiger Bruder von seinem Vater verprügelt werden sollte, um-
klammerte er den Bruder schützend unter Tränen und Schreien,
empfing die Prügel selbst und erreichte auf diese Weise, dass der
väterliche Zorn verging.

Rousseau erinnert sich an seine ersten Lektüren und *an ihre
Wirkung auf mich: Das ist die Zeit, von wo an ich ohne Unterbrechung
das Bewusstsein von mir selbst datiere.*[36] In seiner Erziehungsschrift
*Émile* vermerkt er später: *Ich hasse die Bücher; sie lehren, allein von
dem zu sprechen, was man nicht kennt.*[37] Indes ist Rousseau ohne seine Kindheitslektüre nicht vorstellbar. Er las Romane des 17. Jahrhunderts. Sie *gaben mir vom Menschenleben bizarre und romaneske
Begriffe, von denen mich die Erfahrung und die Reflexion niemals heilen
konnten*[38]. Er las jedoch auch Plutarchs Biographien berühmter
Griechen und Römer. Sie führten dazu, dass *ich die Person wurde,
deren Leben ich las*[39]. Doch es erging ihm nicht wie Don Quijotte,
der für sein gesamtes weiteres Leben zu einer Romangestalt werden wollte. Die Plutarch-Lektüre bewirkte vielmehr, dass *sich
dieser freie und republikanische Geist formte, dieser unbezähmbare und
stolze Charakter*[40].

Am 14. März 1728 floh Rousseau aus Genf, nachdem er zum dritten Mal sich nicht rechtzeitig vor der Schließung der Tore einge-
funden hatte. Eine neue Frauengestalt tritt nun auf, vermittelt
durch einen katholischen Priester, dessen Empfehlung den kalvi-
nistisch aufgewachsenen Rousseau zu ihr führte. Es ist die in
Annecy lebende Madame de Warens, die als Françoise-Louise de
la Tour 1699 im schweizerischen Vevey geboren wurde und somit
knapp dreizehn Jahre älter war als Rousseau. Wir wissen nicht, wie
Madame de Warens wirklich aussah. Rousseau beschreibt sie als
zierlich, andere als rundlich. Keines ihrer Porträts ist gesichert.[41]
Der erotische Beobachter Jean-Jacques unterbricht seinen im
Präteritum gehaltenen Bericht in den *Confessions* und wechselt in
ein Tempus, das er nicht einmal für die berühmten Schilderungen
seiner Glückserlebnisse im Einheitsgefühl mit der Landschaft des
Bieler Sees benutzt: in das Präsens.[42] Ein Kunstgriff intensiviert
den Präsens-Gebrauch. Bevor er bei der Dame ankommt und bevor
er sie sieht, geschieht bereits Gegenwart. Im Präsens der Vorweg-

Porträt der Madame de Warens aus dem 18. Jahrhundert. Keine Abbildung von ihr kann als authentisch gelten.

nahme heißt es: *Ich komme endlich an; ich sehe.*[43] Das Sehen wird reine, gegenstandslose Gegenwärtigkeit, ist noch keine Gegenwart. Mehrere Absätze lang wird über Erwartungen ein anderes Präsens vorbereitet, ein Tempus der Verschmelzung von Beobachter und Teilnehmer: *Ich hatte mir eine gänzlich mürrische Fromme vorgestellt. [...] Ich erblicke ein von Anmut gezeichnetes Gesicht, blaue, schöne Augen voller Sanftmut, eine blendend helle Hautfarbe, den Umriss einer bezaubernden Brust.* Damit gibt sich alles Weitere wie von selbst vor, Religion und Erotik verschmelzen für Jean-Jacques Rousseau in seiner Beziehung zu dieser Frau: *Nichts entging den schnellen Blicken des jungen Proselyten, denn ich wurde augenblicklich der Ihre, in der Sicherheit, dass eine von solchen Missionarinnen ausgeübte Religion unfehlbar ins Paradies führt.*[44]

Gleichsam leitmotivisch kehrt jenes Präsens der Verschmelzung an der Stelle seiner *Confessions* wieder, die von Rousseaus Rückkehr aus Turin zu ihr, nach Annecy, berichtet: *Wie schlug mir das Herz, als ich mich dem Haus von Madame de Warens näherte! Meine Beine zitterten, meine Augen überzog ein Schleier, ich sah nichts, ich hörte nichts, ich hätte niemanden erkannt.* Als er sie erblickt, wechselt er mit drei Verben in das Präsens: *Kaum erschien ich vor den Augen von Madame de Warens, als ihre Miene mir Sicherheit gab. Ich zitterte beim ersten Ton ihrer Stimme, ich [Wechsel zum Präsens] werfe mich zu ihren Füßen und, außer mir in lebhaftester Freude, hefte ich meinen Mund auf ihre Hand. Was sie angeht, so weiß ich nicht, ob sie von mir Nachricht [Wechsel zum Präteritum] besaß, aber ich erblickte wenig Überraschung auf ihrem Gesicht, und ich sah dort keinen Kummer.*[45]

Man vergleiche dieses Präsens der Verschmelzung mit dem Tempus, das Rousseau für den Bericht eines Wiedersehens mit der nun fünfundfünfzigjährigen Madame de Warens im August 1754 wählt, die inzwischen mit Töpfereiunternehmungen erneut in wirtschaftliche Schwierigkeiten geraten war: *Ich sah sie wieder… in welchem Zustand, mein Gott! Welcher Niedergang! Was blieb ihr von ihrer ersten Tugend? War dies dieselbe Madame de Warens, die einst so brillant gewesen war?*[46] Alles ist jetzt Vergangenheit geworden: das Leben der Baronin und die immer noch lebhafte Schilderung ihres Wiedersehens. Ein Präsens ist nicht mehr möglich. Rousseau wird seine *maman* nicht mehr wiedersehen. Mit ihm bei *maman* war 1754 seine Lebensgefährtin Thérèse Levasseur, der Madame de Warens ihren letzten Ring an den Finger steckte. Rousseaus Bericht nimmt wehmütige Züge an und mündet in ein Crescendo der Gewissensbisse und der Schuld: *Alles musste aufgegeben werden, um ihr zu folgen, mich an sie bis zur ihrer letzten Stunde zu binden, ihr Los zu teilen, wie es auch ausfiele. Ich tat nichts. […] Ich seufzte über sie und folgte ihr nicht. Von aller Reue, die ich in meinem Leben fühlte, ist dies die lebhafteste und die dauerhafteste. Ich werde daher die schrecklichsten Strafen verdienen, die seither nicht aufgehört haben, mich niederzustrecken.*[47] Madame de Warens wird 1762 im Alter von 63 Jahren einsam und verarmt in Chambéry sterben. Doch Rousseau hat noch viel von ihr und seiner glücklichen Zeit mit ihr zwischen 1728 und 1742 zu berichten. In der 10. *Promenade* seiner *Rêveries* wird er Madame de Warens, wird er dem gemeinsamen Glück, wird er seiner Selbstfindung ein Dokument in jener unerreichten Prosamusikalität setzen, die sein dissonantes Leben zusammenfasst und vielleicht zusammenhält: *Doch während dieser geringen Zahl von Jahren, geliebt von einer Frau voller Zuwendung und Zärtlichkeit, tat ich, was ich tun wollte, war ich, der ich sein wollte. […] Ich brauche den Rückzug in mich selbst, um zu lieben. [...] Ich hatte den Aufenthalt auf dem Lande gewünscht, ich hatte ihn erhalten; ich vermochte die Unterwerfung nicht zu ertragen, ich war vollkommen frei und besser noch als frei, denn allein meinen Bindungen unterworfen, tat ich nur, was ich tun wollte.*[48]

Das Präsens wird von Rousseau selten eingesetzt. Es hat zwei hauptsächliche Bezüge: Es markiert die Präsenz eines anderen Menschen, oder es markiert die Abwesenheit anderer Menschen. Es ist eine Spur der Glücksfindung im anderen (Madame de Warens) oder ist der Ausdruck des Verlassenseins von allen anderen Menschen, der vollständigen Einsamkeit, die Rousseau dann nutzen wird, um in der gefühlten Einheit mit allem Existierenden sich selbst zu genießen. Dies geschieht in seinem letzten Werk, *Les Rêveries du promeneur solitaire*, das er drei Monate vor seinem Tod 1778 abbrechen wird. Dieses Präsens des Entzugs drückt er dort

Die Île de Saint-Pierre im Bieler See. Gemälde von Maximilien de Meuron, 1825. Rousseaus «Rêveries» spielen vielfach auf diese Landschaft an.

verbfrei mit dem berühmten Eingangssatz *Me voici seul sur la terre* aus, der im Deutschen ohne Verb etwa lauten könnte: *Ich: nunmehr allein auf Erden.*[49] Wenig später verwendet er wieder eine ähnliche, im Französischen mögliche verblose Präsensangabe: *M'y voila tranquille au fond de l'abyme – Ich: ruhig in der Tiefe des Abgrunds.*[50]

Madame de Warens bezog 1728 seit zwei Jahren eine Pension von Viktor-Amadeus II., dem Herzog von Savoyen und von 1720 bis 1731 König von Sardinien. Das Motiv dieser Zahlungen ist unklar. Man spricht von politischen Informationsdiensten. Madame de Warens' Geschichte ist der Rousseaus nicht unähnlich. Sie wurde früh Waise, begann früh mit der Lektüre religiöser Schriften, floh aus einer Ehe und wurde Katholikin. Man hat sie mit jener Emma Bovary aus Gustave Flauberts gleichnamigem Roman verglichen, die das Einerlei der Ehe in der Provinz nicht ertrug und sich nach verschiedenen Affären und Schulden am Ende vergiftete. Im Unterschied zu Emma Bovary gelang Madame de Warens jedoch der Sprung in die Freiheit, auch wenn ihr um zehn Jahre älterer Ehemann Loys de Villardin, dessen Baronstitel sie nach der Scheidung unberechtigterweise beibehielt, dabei zu ihrem Opfer wurde.[51]

Neben den bezeichnenden Zügen des Jungen – der unbezähmbare Widerwille gegen Unterwerfung, die Erotik der Willfährigkeit gegenüber Frauen, die Schwäche, die von Romanen und antikem politischem Heldentum gespeiste Einbildungskraft – wird bei seiner Reise nach Turin 1728 nun mehr eine andere Seite seiner sozialen Identität bedeutsam, nämlich seine Religionszugehörigkeit, die für ihn bisher keine Rolle spielte. In seinem *Émile* gibt Rousseau später an, dass ein religiöses Bewusstsein der Kinder sich erst verhältnismäßig spät, erst nach mehr als fünfzehn Lebensjahren, bildet. Um genauer einzuschätzen, wo der kindliche Jean-Jacques sich in dieser Hinsicht befand, sei an folgende Bemerkung aus dem *Émile* erinnert: *Doch das Kind, das sich zum Christentum bekennt, was glaubt es? Das, was es versteht; und es versteht so wenig von dem, was man es sagen lässt, dass, wenn man ihm das Gegenteil sagt, es dieses ebenso gern annimmt. Der Glaube der Kinder und vieler Menschen ist die Angelegenheit der Geographie. […] Wenn ein Kind sagt, es glaube an Gott, so glaubt es nicht an Gott, sondern an Peter oder Jakob, die ihm sagen, dass es etwas gibt, das man Gott nennt.*[52] Madame de Warens wird von den Bischöfen Bernex und Velpergue von Annecy dafür bezahlt, junge Nichtkatholiken zu beherbergen und auf die Konversion zum Katholizismus vorzubereiten. Der Genfer Rousseau stammt von Hugenotten ab und wuchs als Kalvinist auf. Rousseau geht nach Turin und wird im Katechumenen-Hospiz von Spirito Santo katholisch. «Rosso, Gio Giacomo, di Genova, Calvinista» («Rousseau, Jean-Jacques, aus Genf, Kalvinist»), so heißt es in den Akten der Kirche, sei am 12. April 1728 in das Katechumenen-Hospiz eingetreten, habe am 21. seinen Glauben widerrufen und sei am 23. getauft worden. Eine Prozedur von zehn Tagen. Er selbst hat dies später in verschiedenen Varianten überliefert. Die am meisten überzeugende lautet in einem einzigen Satz: *Noch Kind und noch mir selbst überlassen, angelockt von Zärtlichkeiten, verführt von Eitelkeit, geködert von Hoffnung, gezwungen durch die Notwendigkeit, machte ich mich zum Katholiken.*[53] Infolge seines Übertritts zum Katholizismus verliert er seine Bürgerrechte in Genf. Später, 1754, konvertiert er vom Katholizismus zurück in die kalvinistische Konfession, in der er aufgewachsen war, und erlangt so wieder die Bürgerrechte seiner Vaterstadt Genf. Vom 15. Juni bis 10. Oktober 1754 hält sich Rousseau zu diesem Zweck zusammen mit Thérèse Levasseur in Genf und Umgebung auf.

Von April 1728 bis etwa September 1729 bleibt Rousseau in Turin und kehrt danach zu Madame de Warens nach Annecy zurück. Turin wird für ihn zum Ort sexueller und erotischer Erfahrungen, zum Ort grundlegender allgemeiner Einsichten und zum Schauplatz der Gesellschaft. Wieder zieht Rousseau die Freiheit der Ungebundenheit dem Dienen in einer bestimmten Funktion vor.

Sexuelle und erotische Erfahrungen macht er in der Begegnung mit der Homosexualität, in der Leidenschaft für eine verheiratete Frau und im eigenen Exhibitionismus. Das gängige Zerrbild zu Rousseau beschränkt dessen erotischen Diskurs auf die Dreiheit von Exhibitionismus, Masturbation und Impotenz.[54]

Zunächst zur Homosexualität. Die Aufklärung besaß ein durchaus gespaltenes Verhältnis zu diesem Phänomen. Zwar galt sie nicht mehr als Verstoß gegen ein göttliches Gesetz, dafür als etwas Widernatürliches. Denis Diderot, der temporäre Freund Rousseaus, ging so weit, zu bemerken, dass es nichts gebe, was für oder gegen die Natur sei. Lesbische Liebe wurde häufig auf Klitorisvergrößerung zurückgeführt, und Homosexualität galt – jedenfalls für Voltaire – als Charakteristikum der Jesuiten. Erst die Revolution von 1789 wird, inspiriert durch den Mathematiker und Philosophen Antoine de Condorcet, gleichgeschlechtliche Liebe ausdrücklich entkriminalisieren.[55] Rousseau hat Homosexualität an keiner Stelle explizit theoretisch behandelt. Im *Émile* ist nicht von einem Gesetz, sondern nur von einer *Bewegung* der Natur die Rede: *Ein Geschlecht vom anderen angezogen: Das ist die Bewegung der Natur.*[56]

Im Hospiz verliebt sich der jüdische Zimmergenosse Abram Ruben aus Aleppo in den ahnungslosen Jean-Jacques. *Schließlich wollte er nach und nach zu den schmutzigsten Intimitäten schreiten und mich zwingen, mit meiner Hand das Gleiche zu tun. Ich befreite mich heftig mit einem Schrei und sprang zurück. Ohne Beleidigung oder Zorn – denn ich hatte nicht die geringste Vorstellung, worum es sich handelte – drückte ich meine Überraschung und Abneigung aus, mit der er mich dort ließ: Doch während er seine Kleidung erfolgreich befingerte, erblickte ich in Richtung Kamin und dann zu Boden fallend etwas Klebriges und Weißliches, was mir das Herz umdrehte.* Er berichtet auch von einem *grässlichen Gesicht, entflammt von der brutalsten Begierde.* Rousseau, der sich in Zukunft vor *den Machenschaften der Ritter mit den weißen Manschetten* zu bewahren weiß und für den die *Frauen viel bei diesem Vergleich verdienten,* findet zugleich – wiederum passend zum Rousseau'schen Humor – eine komische Wendung: *Wenn wir uns ähnlich ekstatisch zu den Frauen verhielten, so müssten ihre Augen fasziniert sein, um sich über uns nicht zu entsetzen.*[57] Dass Rousseaus einzige Jugenderfahrung mit Homosexualität von einem jüdischen Zimmergenossen ausging, hat bei Rousseau keinerlei Vorurteile über die Juden provoziert. Er benennt und kritisiert im Gegenteil die *Tyrannei* der Christen, *die man an ihnen praktiziert.*[58] Im Unterschied zu der Geringschätzung, mit der seine Zeitgenossen Juden oder Türken beurteilen, erkennt Rousseau die Opferrolle, in welche man die Juden drängt, und urteilt über die Türken, sie seien *im Allgemeinen menschlicher und gastfreundlicher als wir,* weil sie in einem Staat leben, in welchem *die Größe und das Glück der Einzelnen stets gefährdet und wechselnd* seien, sodass jeder heutige Täter morgen Opfer sein kann und Hilfe nötig hat.[59]

In den Erfahrungsbericht einer homoerotischen Belästigung mischen sich, wie angedeutet, bereits Einsichten über die heterosexuelle Welt. Im *Émile* stellt er dazu ein *unveränderliches Naturgesetz* auf, das in einer Paradoxie besteht: *Der Stärkere ist scheinbar der Herr, hängt jedoch in Wirklichkeit vom Schwächeren ab.* Die rätselhafte Formulierung findet folgende Auflösung: *Das Süßeste für den Mann in seinem Sieg liegt darin, zu zweifeln, ob die Schwäche der Stärke nachgibt oder ob es ein Wille ist, der sich ihm hingibt; und die gewöhnliche List der Frau besteht darin, diesen Zweifel beständig zwischen ihm und ihr bestehen zu lassen.*[60] Diese geistreich nuancierte Formel von der mittelbaren Herrschaft der Frau beschreibt indes eher ein Wunschbild heterosexueller Beziehung. Was Rousseau in Turin und danach mit Madame de Warens erlebte, entspricht dem nicht.

Frontispiz des «Émile», Genf 1780 / 81, links positiv dargestellte Frauengestalten verschiedenen Alters. Kupferstich von Robert Delaunay d. J. nach einer Zeichnung von Charles Nicolas Cochin d. J., 1780

Überhaupt sollte man weitaus mehr als bisher üblich die Unterschiede wahrnehmen, die bedeutsamen Nuancen, die bedenkenswerten Beiträge in Rousseaus Bemerkungen zum anderen Geschlecht. Dabei ergeben sich mindestens vier Bezüge: sein imaginärer Bezug zur Weiblichkeit, seine Begegnungen mit Frauen, seine normativen Bemerkungen über die Stellung der Frau und schließlich sein umfassendes und für die weitere Literatur grundlegendes literarisches Frauenporträt in der Titelheldin seines Romans *Julie, ou la Nouvelle Héloïse*. Bei Rousseau findet sich in seinen Äußerungen zum anderen Geschlecht ein Differenzierungsreichtum, den in gewisser Weise der von ihm hochgeschätzte Niccolò Machiavelli vorweggenommen hatte.[61]

Seine normativen Bemerkungen haben ihm das Urteil der Frauenfeindlichkeit eingetragen. Doch es findet sich keine einzige abschätzige Bemerkung über die Frauen bei ihm. Wenn zum Beispiel Montesquieu im frühen 18. Jahrhundert notierte: «Die Frauen haben eine Falschheit. Das kommt von ihrer Abhängigkeit: Je mehr die Abhängigkeit zunimmt, desto mehr nimmt die Falschheit zu»[62], so findet sich bei Rousseau trotz seiner Dissonanzen keine derartige misogyne Bemerkung, von Friedrich Nietzsches späterem Zynismus ganz zu schweigen, wonach die Frau oberflächlich ist und Männer benötigt, die sie mit der Peitsche bedrohen.[63]

Um seine normativen Ansichten über die Frauen zu belegen, scheint es hinreichend, aus dem *Émile* zu zitieren, wonach die Frau sich in einer Position der *Ungleichheit* befinde, die *keineswegs ein Produkt des Vorurteils, sondern der Vernunft* sei. Rousseau begründet dies damit, dass *der Mann nur in gewissen Augenblicken Mann ist, die Frau dagegen Frau für ihr gesamtes Leben oder zumindest für ihre Jugend.* Ihr obliege die Geburt und die Aufzucht der Kinder. Rousseau fügt die empathische Bemerkung hinzu: Um die Kinder aufzuziehen, *braucht sie Geduld und Sanftmut, Eifer, eine unermüdliche Zuneigung; sie verbindet die Kinder mit ihrem Vater, sie lässt ihn sie lieb haben und gibt ihm das Vertrauen, sie die Seinen zu nennen. Wie viel Zärtlichkeit und Fürsorge benötigt sie nicht, um die Familie zu einen!* Wird in diesem letzten Satz die Empathie zu Pathos, so folgt ein Satz, der Rousseau wieder den großen französischen Moralisten ebenbürtig erscheinen lässt, indem er zu erkennen gibt, dass die

Rolle der Mutter mit Appellen an Vernunft und Tugend nicht hinreichend beschreibbar ist: *Und am Ende müssen all diese Qualitäten keine Tugenden, sondern Taten des Geschmacks [goût] sein, ohne welche die Menschengattung bald erloschen sein würde.*[64] Die eigentümliche Inkonsequenz der späteren, sich an Rousseau inspirierenden Revolution von 1789 bis 1799, die die Sklaverei sowie die Kriminalisierung von Homosexualität und Freitod abschaffte, die Frau indes nicht als vollständiges Rechtssubjekt behandelte, könnte auch einer Erinnerung an Rousseaus empathische Doktrin der Ungleichheit der Frau und ihrer sozialintegrativen Stellung in der Familie geschuldet sein. Mary Wollstonecraft, die bedeutende englische Vorkämpferin für die Gleichberechtigung und mit Rousseaus Denken ansonsten übereinstimmend, beklagt sich 1792 über dessen Inkonsequenz, als er die rechtliche Ungleichheit der Frau festschrieb.[65] Der Bemerkung Rousseaus über die soziale Schlüsselstellung der Frau in der Familie entspricht während der Revolution indes eine Stärkung ihrer Rechtsstellung in der Familie, die von Napoleon wieder rückgängig gemacht wurde. Als am 11. Oktober 1794 der Sarg Rousseaus aus Ermenonville nach Paris überführt wurde, um seine definitive Ruhmesruhe im Panthéon zu finden, las man bei der Gruppe der in den Tuilerien versammelten Frauen das Transparent: «Er gab die Mütter ihren Pflichten zurück und die Kinder ihrem Glück.»[66] «Ihr Frauen», so Bernardin de Saint-Pierre 1788 in seinem Rousseau fortsetzenden Roman «Paul et Virginie», «habt unseren Geschmack vervollkommnet, unsere Moden, unsere Gebräuche, indem ihr sie vereinfacht.» Und: «Ihr zivilisiert das Menschengeschlecht.»[67]

In Rousseaus Einschätzung der Frau wirkt ein überliefertes Vorurteil weiter, das auf die Antike zurückgeht. Aristoteles hatte das Weibliche als «verstümmeltes Männchen» bezeichnet und diese biologische Deutung als Grund benutzt, um der Frau – wie den Sklaven – die Bürgerrechte zu verweigern. Hier wurde aus einem Geschlechtsmerkmal «Gender», soziales Geschlecht, konstruiert. Rousseau hat sich an der Gender-Produktion durchaus beteiligt. Er spricht den Frauen *esprit* zu, verweigert ihnen aber das Geniale. Im Unterschied etwa zu Georg Wilhelm Friedrich Hegel, der den Frauen die Intelligenz für ein Studium absprach, sind sie im Urteil Rousseaus zu Wissenschaften und Gelehrsamkeit durchaus befähigt. Aus ihrem Mangel an Genialität folgt: *Sie vermögen die Liebe selbst weder zu beschreiben noch zu fühlen.* Sappho sei allerdings eine Ausnahme. Wir fügen hinzu: die Julie seines Romans *La Nouvelle Héloïse* ebenfalls.[68] Im *Discours sur l'origine et les fondements de l'inégalité parmi les hommes* behauptet Rousseau, *das Geschlecht, das gehorchen sollte*, übe eine moralische Herrschaft aus. Voltaire dagegen schreibt in einem Brief: «Die Frauen sind zu allem, was wir [die Männer] tun, fähig.» Ihr einziger Unterschied zu den Männern bestehe darin, dass sie «liebenswürdiger» seien.[69]

Für Platon stand fest, dass Mann und Frau zwar geschlechtlich verschieden, aber rechtlich gleichzustellen sind. Merkwürdigerweise hält sich Rousseau trotz seiner Sympathien für den Staat Platons nicht an diese revolutionäre Einsicht des antiken Denkers. Rousseau unterstreicht die Rolle der Mutter und opfert ihr die der Staatsbürgerin. Mary Wollstonecraft hat dann die begriffliche Grundlage für das Ende der Frauenausschließung formuliert. Sie verehrte Rousseau und korrigierte ihn 1792 wie folgt: «Man mache die Frauen zu vernünftigen, freien Bürgerinnen, und sie werden rasch gute Ehefrauen und Mütter werden – vorausgesetzt, dass die Männer nicht ihre Pflichten als Gatten und Väter vernachlässigen.»[70]

Nicht fehlen darf in diesem Zusammenhang, was sich 1764 ereignete, als Rousseau seit Juli 1762 Asyl in dem zu Preußen gehörenden Schweizer Juradorf Môtiers bei Neuchâtel gefunden hatte. Er erhält dort einen Brief der tiefsten Verzweiflung und Sinnkrise einer anonym bleibenden fünfunddreißigjährigen Pariserin, die sich «Henriette» nennt und deren Identität bis heute nicht geklärt werden konnte. Wie kann, so fragt Henriette Rousseau, eine Frau glücklich werden, die allein lebt, nicht genügend Geld für ihren Unterhalt besitzt, nicht sehr hübsch ist und altert? Was sei man dann anderes als «eine Vorspeise, die zu nichts passt». Rousseau antwortet ausführlich und sehr streng. Sie wolle nur *brillant* sein, ihr einziges Ziel sei, *sich vorteilhaft vor den Augen der anderen darzustellen.* In Wirklichkeit komme es darauf an, sich nicht *von sich selbst zu entfernen, denn das ist gar nicht möglich.* Sie solle weiter Studien treiben, das sei – so eine gern von Rousseau gewählte Formel – *die Lanze des Achilleus, die die Wunde heilen muss, die sie geschlagen hatte.*[71] Doch Rousseau hat sich getäuscht. Diese Henriette

Mary Wollstonecraft verfocht die Gleichberechtigung von Mann und Frau. Das hinderte sie nicht, eine Anhängerin Rousseaus zu sein. Porträt von John Opie (Ausschnitt), Ende des 18. Jahrhunderts

erweist sich als außergewöhnlich kluge und sprachmächtige Korrespondentin. Rousseaus Rat, sich in sich selbst zurückzuziehen, um dort, wie es die Tradition seit Horaz oder Montaigne wollte, glücklich zu werden, weist sie beredt zurück: «Das Herz ist mitteilsam, es liebt sich auszubreiten, und wie vermag es sich in sich selbst auszubreiten?» Rousseau ist irritiert. Er ahnt, dass Henriette recht hat, und wird ein Jahrzehnt später in seinen autobiographischen Dialogen schreiben: *Unsere angenehmste Existenz ist relativ und kollektiv, und unser wahres Ich ist nicht gänzlich in uns. So ist schließlich die Beschaffenheit des Menschen in diesem Leben, dass er es niemals erreicht, sich selbst zu genießen ohne die Hilfe des anderen.*[72] Er antwortet Henriette: *Ich glaubte das menschliche Herz zu kennen, und ich kenne von dem Ihren nichts. Sie leiden, und ich kann Ihnen keine Linderung verschaffen. […] Ihr letzter Brief voller Einsicht und tiefer Empfindungen berührt mich noch mehr als der vorige.*[73] In der Tat reicht die Verzweiflung von Henriette noch viel weiter. Denn sie antwortet: «Nicht sein, an nichts hängen, nichts hängt an mir, leben, ohne, in einem Wort, zu wissen, warum, das ist ein grässliches Gefühl.»[74] Rousseau antwortet nicht mehr. Henriette nahm einen existenziellen Nihilismus vorweg, der im späteren 19. Jahrhundert mehr und mehr zu Wort kommen wird. Der Briefwechsel zwischen Henriette und Rousseau ist nicht nur deshalb bedeutsam, weil er zeigt, dass Rousseau nicht taub war für die Selbstaussprache einer verzweifelten Frau. Er zeigt vor allem, dass Rousseau trotz seiner radikalen Kulturkritik noch gefeit war gegen den späteren Nihilismus. Seine Verbindung mit der Antike, mit Montaigne und mit dem Gedanken einer intakten und schöpferischen Natur bewahrte ihn vor einer grundlegenden Sinnkrise und verwehrte ihm, wie er selbst ahnte, das Verständnis für Menschen, die sie erfasst hatte.[75]

Nun zu Rousseaus Exhibitionismus. Schwer entziehen kann man sich Rousseaus aus Komik und Bedrohung gemischter Darstellung seiner exhibitionistischen Extravaganz, die ihn jedoch offenbar vor weiterem Exhibitionismus bewahrte. Exhibitionismus bedeutet als Verhalten die öffentliche Zurschaustellung der eigenen Genitalien. Er ist beschreibbar als Erwartung einer Lust, die aus diesem Verhalten gezogen werden soll. Während Voyeurismus in gewissem Maße mit sexueller Kriminalität korreliert, ist Exhibitionismus nach heutigem Forschungsstand davon frei. Exhibitionismus findet jedoch geringe öffentliche Toleranz.[76] Genau dies erlebte Rousseau 1728 in Turin. Rousseau berichtet von mehreren Anlässen, die ihn in Turin zu einem exhibitionistischen Verhalten führten. Dazu gehören: keine Beschäftigung, der Wunsch nach einem *Glück, von dem ich keine Vorstellung hatte.* Masochistisch heißt es in diesem Zusammenhang auch: *Ich hätte mein Leben dafür gegeben, für eine Viertelstunde ein Fräulein Goton wiederzufinden* (die ihn bekanntlich verprügelt hatte).[77] Er träumt von *Mädchen und Frauen, deren wahren Gebrauch ich nicht fühlte.* Dann folgt: *Meine Erregung wuchs zu einem Punkt, an welchem ich, der ich meine Wünsche nicht befriedigen konnte, sie durch die extravagantesten Manöver anfachte. Deshalb suchte ich dunkle Alleen auf, versteckte mich in Winkeln, wo ich mich aus der Entfernung den Geschlechtspersonen in dem Zustand aussetzen konnte, in dem es mir möglich gewesen wäre, bei ihnen sein zu wollen.*[78] Der komplizierte Satzbau soll hier nicht dazu dienen, ein Geständnis zurücknehmen. Er soll den Exhibitionismus aufzeigen als einen paradoxen Annäherungsversuch, der

Nähe nur als Distanz erträgt und dem es darum geht, «anziehend zu werden durch eine Exaltation, in der das Ich seinen Traum und seine Fiktionen nicht verlässt»[79].

Rousseau sucht in Turin dunkle Ecken und Durchgänge auf, die ihm eine Fluchtmöglichkeit bieten. *Im Vertrauen darauf bot ich den Mädchen, die in diesem Gewölbe vorbeikamen, ein eher lächerliches denn verführerisches Schauspiel; die Klügeren taten, als erblickten sie nichts, andere brachen in Gelächter aus, andere fühlten sich beleidigt und machten Lärm.*[80] Rousseau flieht, wird jedoch verfolgt und schließlich von einem Mann mit einem Säbel festgehalten, umringt von älteren Frauen mit Besen und dem frechen Mädchen, das ihn entdeckt hatte. Geistesgegenwärtig findet er einen *romanhaften Ausweg*, indem er vorgibt, er sei *ein junger Ausländer von hoher Abkunft, dessen Gehirn verwirrt sei* und der von zu Hause geflohen und verloren sei, wenn der Herr mit dem Säbel ihn ausliefere. Ihm wird geglaubt. Als er nach einigen Tagen in Begleitung eines jungen Abbés dem Mann mit dem Säbel wiederbegegnet, warnt ihn dieser ironisch, *seine Hoheit möge nicht dorthin zurückkommen*. Rousseau spricht mit *Dankbarkeit* von jenem Mann, denn er habe *ihn für lange Zeit klug werden lassen*.[81] Die gesamte Erzählung seines Exhibitionismus und ihres Ausgangs trägt wiederum Züge einer Humoreske.

Noch wichtiger wird für ihn in dieser Zeit die Begegnung mit einer anderen männlichen Gestalt, dem 1692 geborenen Genfer Abbé Jean-Claude Gaime. *Ich besitze eine liebesfähige Seele*, schreibt Rousseau, weshalb er sich *Monsieur Gaime wahrhaftig anvertraute*.[82] Gaime wird später *zu einem großen Teil das Original zum Vikar aus Savoyen* in Buch IV des *Émile*. Die Figur dieses Vikars wird zusammengefügt aus dem Abbé Gaime und dem Abbé Jean-Baptiste Gâtier, der Rousseau 1729 im erfolglos besuchten Priesterseminar von Annecy das Leben erleichterte: *[...] aus den beiden würdigen Priestern schuf ich das Original des Vikars aus Savoyen.*[83] Gaime verstand, dass *ich stets zu hoch oder zu niedrig war*, das heißt *manchmal Held, manchmal Taugenichts.* Ihm gelang es, *sich in mich zu versetzen, mich mir selbst zu zeigen, ohne mir etwas zu ersparen oder mich zu entmutigen.*[84] Die Begegnung mit dem Abbé wirkt in dreifacher Hinsicht auf den sechzehnjährigen Jean-Jacques: Er legte in ihm *ein Samenkorn der Tugend und der Religion an, das dort nie erstickte.* Er lehrte ihn zum Zweiten etwas Grundlegendes über die Menschen: *Diejenigen, die andere beherrschten, waren weder weiser noch glücklicher* als die Beherrschten. Diese Bewertung wird später in seinem *Discours sur l'origine de l'inégalité* eine wichtige Rolle spielen, wenn im Entfremdungszustand der Menschen unter den Bedingungen einer geschlossenen Gesellschaft Herrscher und Beherrschte von Rousseau als nichtglückliche Menschen beurteilt werden. Und er lehrte ihn, dass, *wenn jeder Mensch in den Herzen aller übrigen Menschen lesen könnte, es mehr Menschen gäbe, die tiefer nach unten steigen als solche, die aufsteigen wollen.*[85] Zum Dritten lehrte ihn Gaime etwas über die Religion, auch wenn die Klugheit ihn hier nötigte,

> **Profession de foi du Vicaire Savoyard.**
>
> Mon enfant, n'attendez de moi ni des discours savants ni de profonds raisonnements. Je ne suis pas un grand philosophe, et je me soucie point de l'être: mais j'ai quelquefois du bon sens et j'aime toujours la vérité. Je ne veux pas argumenter avec vous, je ne cherche pas à vous convaincre; il me suffit de vous exposer ce que je pense dans la simplicité de mon cœur; consultez le vôtre durant mon discours, c'est tout ce que je vous demande. Si je me trompe dans mes sentiments c'est de bonne foi, c'en est assez pour que mon erreur ne me soit pas imputée à crime; quand vous vous tromperiez de même, il y aurait peu de mal à cela. Si je pense bien, la raison nous est commune et nous avons le même intérêt à l'écouter; pourquoi ne penseriez-vous pas comme moi?
>
> Je suis né pauvre et paysan; j'étais fait pour cultiver la terre, mais on crut plus beau que j'apprisse à gagner mon pain dans le métier de prêtre, et l'on trouva le moyen de me faire étudier. Assurément ni mes parents ni moi ne songions guère à chercher en cela ce qui était bon et véritable, mais ce qu'il fallait savoir pour être ordonné. J'appris ce qu'on voulait que j'apprisse, je dis ce qu'on voulait que je disse; je m'engageai comme on voulut, et je fus fait prêtre. Mais je ne tardai pas à sentir qu'en faisant vœu de n'être pas homme, j'avais promis plus que je ne pouvais tenir.
>
> On nous dit que la conscience est l'ouvrage des préjugés; cependant je sais par mon expérience qu'elle s'obstine à suivre l'ordre de la nature contre toutes les lois des hommes. On a beau nous défendre ceci ou cela, le remords nous reproche toujours faiblement ce que nous permet la nature bien ordonnée, à plus forte raison ce qu'elle nous prescrit. Ô bon jeune homme! elle n'a rien dit encore à vos sens; vivez longtemps dans l'état heureux où sa voix est celle de l'innocence; souvenez-vous qu'on l'offense encore plus quand on la prévient que quand on la combat. Il est toujours beau de la vaincre, et il faut commencer par apprendre à résister, pour savoir quand on peut céder sans crime.

Manuskriptseite der «Profession de foi du Vicaire Savoyard» aus dem «Émile»

*reservierter zu sprechen*[86]. Was damit gemeint sein könnte, dürfte in jenem Bekenntnis des Vikars aus Savoyen in Buch IV des *Émile* zu finden sein. Es ist die Lehre von der «natürlichen Religion» anstelle einer Offenbarungsreligion, die mit dem Anspruch verbunden ist, unmittelbar von der Gottheit selbst enthüllt worden zu sein. Rousseau besaß das in seinem jugendlichen Unglück ungeheure Glück, bereits mit sechzehn Jahren diesen Unterschied der Religionen erklärt zu bekommen, in welchem sich ein großer Teil der Aufklärungskritik an der Religion zusammenfassen lässt. Nicht sein lediglich opportunistischer Wechsel zum Katholizismus beeinflusst seine religiöse Einstellung, sondern das auf der Höhe der Aufklärungszeit von Gaime gegebene Bekenntnis zur «religion naturelle» wird wegweisend für Rousseau. Dieses Bekenntnis teilen auch David Hume und im Grundsatz später die deutschen Philosophen Immanuel Kant und Johann Gottlieb Fichte. Und auch Goethes Faust beantwortet Margaretes Frage, wie er es mit der Religion halte, mit einer emphatischen Zusammenstellung aus dem Arsenal der natürlichen Religion, die Goethe bei Rousseau gelesen hatte.[87] Die Vorstellung einer «natürlichen Religion» geht zurück auf Raimundus Sebundus (Raymond Sibiuda), dessen «Theologia Naturalis» Montaigne 1569 ins Französische übersetzt hatte. Ihre Wurzeln liegen jedoch in der Antike, und selbst Paulus setzt sie ausdrücklich voraus.[88] Der Abbé Gaime dürfte also Rousseau in dem Sinne belehrt haben, dass aus der Bewegung des Alls und seiner Ordnung die Existenz einer Gottheit gefolgert werden dürfe, dass der Mensch selbst der Verursacher allen moralischen Übels in der Welt sei und dass der Mensch der Gottheit diene *gemäß der Einsicht, die mir Gott gibt, und gemäß den Gefühlen, mit denen er mich beseelt.* Dagegen lassen die *Offenbarungen* Gott *nur geringer werden, indem sie ihm menschliche Leidenschaften verleihen.*[89] Die Ansicht, dass wir selbst Urheber von allem uns Schadenden sind, baut Rousseau später zu einer der bis heute am meisten beunruhigenden Kulturkritiken aus. Ohne die Vorgabe der «natürlichen Religion» wäre diese Kritik schwerlich entstanden.

Zeit seines Lebens verstand sich Rousseau als religiöser Mensch. Er verfiel nicht auf jene Folgerung des Priesters Jean Meslier, der von den Widersprüchen und der Herrschaftspraxis der christlichen Religion auf die Lügenhaftigkeit jeder Art von Religiosität schloss und daraus in seinem postumen Werk den unbedingten Atheismus ableitet, da jede Religion nur «ein Mysterium der Bosheit» darstelle.[90] Er verfiel aber zugleich auch nicht in jenes absichtlich paradoxe Christentum eines Blaise Pascal oder Søren Kierkegaard, die in der Offenbarungsreligion die einzige Rettung vor dem Verfallen an eine sinnlose Welt erblicken. Folgerichtig kennt Rousseau auch nicht das Gefühl, von der Gottheit verlassen zu sein oder vor ihr Angst zu haben. Die natürliche Religion mag auch seine Neigung zu Heiterkeit und Humor verstärkt haben. In der Erinnerung an die Zeit seiner späteren Obdachlosigkeit überliefert er uns anstelle von Sorge und Furcht Sätze der Sorglosigkeit und der Übereinstimmung mit Vorgängen der kleinen und großen Natur: *Ich riskierte, weniger an Schlaflosigkeit als an Hunger zu sterben. Erstaunlicherweise war ich in diesem grausamen Zustand weder unruhig noch traurig. Ich hatte nicht die geringste Zukunftssorge.* Häufig musste er unter freiem Himmel schlafen. *Den Himmel meines Bettes bildeten Baumwipfel, eine Nachtigall war genau über meinem Kopf; ich schlief bei ihrem Gesang ein: Mein Schlaf war süß, mein Erwachen noch mehr.*[91]

Doch wie um zu zeigen, dass offenbar jegliche Berührung mit dem Christentum seiner Zeit angstauslösend war, ergreift auch Rousseau einmal in glücklichen Umständen bei Madame de Warens 1736 eine furchtbare Angst: Droht ihm die Hölle? Nach der Lektüre jansenistischer Schriften geschah Folgendes: *Ich fragte mich: In welchem Zustand bin ich? Stürbe ich auf der Stelle: wäre ich verdammt? Meinen Jansenisten zufolge war die Sache unzweifelhaft, doch für mein Gewissen schien es nicht so zu sein.* Die Jansenisten glaubten, ähnlich wie die Kalvinisten, an eine Vorbestimmung unseres Tuns durch die Gottheit. Rousseau sinnt auf einen Test. *Ich […] werde diesen Stein gegen den Baum mir gegenüber werfen. Wenn ich ihn treffe, Zeichen des Heils, wenn ich ihn verfehle, Zeichen der Verdammnis. Dies sagend, werfe ich meinen Stein mit einer zitternden Hand und mit einem furchtbaren Herzklopfen, doch so glücklich, dass er auf die genaue Mitte des Baumes trifft. Das war auch wirklich nicht schwierig, denn ich hatte darauf geachtet, einen sehr dicken und sehr nahen Baum zu wählen. Seither habe ich nicht mehr an meinem Heil gezweifelt. Ich weiß nicht, ob ich, indem ich mir dies vergegenwärtige, über mich lachen oder seufzen soll.*[92]

# «Ich sah ein anderes Universum und wurde ein anderer Mensch»: die epochale Kulturkritik

1749 wird zum entscheidenden Jahr der Wende für Rousseau. Er wird international bekannt. Sein Weg führt ihn 1731 erstmals nach Paris. Danach verbringt er eine glückliche Zeit mit Madame de Warens in Les Charmettes bei Chambéry. 1742 reist er wieder nach Paris und wird von 1743 bis 1744 Sekretär des französischen Botschafters in Venedig. Nach seiner Rückkehr wird 1745 in Paris die Wäscherin Thérèse Levasseur seine Lebensgefährtin.

Im Oktober 1749 kündigte der «Mercure de France» ein Preisausschreiben für den «Preis der Moral» an. Die «Akademie der Wissenschaften und der schönen Literatur» in Dijon hatte ihn ausgelobt für die Antwort auf ihre Frage: «Ob die Einrichtung der Wissenschaften und Künste dazu beigetragen hat, die Sitten zu verbessern». Rousseau wird in seinem *Discours sur les sciences et les arts* antworten: Die Wissenschaften und Künste *breiten Blumengirlanden über eisernen Ketten aus*, ihr Fortschritt *hat unserem wahren Glück nichts hinzugefügt*, sondern er *hat unsere Sitten verdorben*.[93] Sein *Discours* gewinnt den Preis, Rousseau wird mit 37 Jahren international berühmt, er ist aus dem Dunkel getreten und steht im Zentrum der europäischen Aufklärung. Die antiken Kyniker hatten bereits die Notwendigkeit von Kulturbedürfnissen und die Christen die von Bildung bestritten. 1509 hat Erasmus von Rotterdam in seinem «Lob der Torheit» (Nr. 32) aus dem Munde der Torheit verkünden lassen, dass «bösartige Geister» Künste und Wissenschaften ersannen, die zum Untergang des glücklichen, wissenschaftslosen goldenen Zeitalters der Menschen führten. Doch 1749 war das Mittelalter in Europa vorbei, das geozentrische Weltbild war gefallen, der Blutkreislauf, die Infinitesimalrechnung waren entdeckt und die Gravitationstheorie entworfen worden, die Industrielle Revolution bereitete sich vor. Ein Schlüsselwort der Aufklärung war daher «le progrès», «der Fortschritt». Man war in dieser Zeit vielfach der Ansicht, eine erfolgreich verbesserte Praxis von Naturwissenschaft und Technik gehe einher mit einer erfolgreich optimierten moralischen Praxis. Diese moderne Verbindung zwischen dem Fortschritt des Wissens und dem moralischer Einstellungen und Verhaltensweisen wurde von Rousseau so nachhaltig zertrennt, dass sie sich davon trotz aller Versuche, sie wiederherzustellen, nicht mehr erholt hat.

Doch auch Rousseau selbst erholte sich nicht mehr von der Unruhe, die sein *Discours* ihm brachte. Bernardin de Saint-Pierre zitiert ihn mit den Worten: *Hätte ich bei Gott doch niemals geschrieben! Ebendies ist die Geschichte meines Unglücks. Fontenelle [Bernard Le Bovier de Fontenelle, französischer Philosoph der Frühaufklärung] hatte es mir richtig vorausgesagt: [...] Sobald Sie zur Feder greifen werden, werden Sie die Ruhe und das Glück verlieren.*[94]

Rousseau war sich der Relevanz seiner Antwort auf die Frage der Akademie offenkundig bewusst. Er las die Preisaufgabe auf dem Weg zu seinem in Vincennes inhaftierten Freund Denis Diderot. *Augenblicklich sah ich bei dieser Lektüre ein anderes Universum und wurde ein anderer Mensch.* Bei Diderot angekommen, befand er sich in einem Zustand, *der einem Delirium glich*.[95] Böse Zungen haben in späterer Zeit bestritten, dass der Gedanke von Rousseau kam, und unterstellt, er stamme von Diderot. Doch dieser, obwohl seit 1758 mit Rousseau für immer zerstritten, hat nie einen Zweifel daran gelassen, dass es sich um Rousseaus Einfall handelte. Da es keine Zeugen des erweckungsartigen Rousseau-Erlebnisses gibt, sind weitere Spekulationen müßig. Raymond Trousson hat einleuchtend darauf hingewiesen, dass Rousseaus Misserfolge bei der Reform der Notenschrift, in diplomatischer Mission in Venedig und schließlich als Komponist und Bühnenautor ihm mittelbar zu seiner Kulturkritik verholfen haben. Wäre er nämlich bei diesen Versuchen erfolgreich gewesen, so hätte er dem Thema des Preisausschreibens vermutlich keine Beachtung geschenkt.[96]

Man darf hinzufügen, dass Rousseaus Schrift in einem Klima der innigsten Freundschaft entstand, die ihn damals mit Étienne Bonnot de Condillac und besonders Diderot verband. Einmal in der Woche aß man nahe dem Palais Royal im «Panier fleuri» (etwa «Üppiger Korb») zu Abend und dachte an die Gründung einer Zeitschrift, «Le Persifleur», in Anlehnung an «The Spectator» von Joseph Addison und Richard Steele in England. Die Zeitschrift, geplant als Rezensionsorgan, kam nicht zustande, doch von Rousseaus Feder ist ein Text dazu überliefert, in dem er von einem Wochenrhythmus redet, in welchem er sich *vernünftig verrückt* und wiederum *verrückt vernünftig* findet, von *meiner verrückten Seele* spricht, damit das Thema des nicht unterdrückten Wahndiskurses bei Cervantes, Montaigne oder Pascal fortsetzend. Diesen öffentlich bekannten Stimmungswechseln entspricht es, wenn Rousseau später in seinen *Rêveries* davon redet, *das Barometer auf seine Seele* anzuwenden, oder wenn er sich *ein unbeständiges Temperament* zuspricht, das teils von einem *ungestümen Wind* bewegt wird, teils *in einen Ruhezustand tritt, wenn der Wind sich gelegt hat.*[97]

Die Zerrüttung seiner Freundschaft mit Diderot gehört zu den schmerzlichsten Vorgängen im Leben Rousseaus. Im Unterschied zu seinem Verhältnis zu Voltaire, mit dem er nie freundschaftlich verbunden war und in welchem es um grundsätzliche Konflikte der gesamten Aufklärung ging, betraf die Beziehung zu Diderot auch den persönlichsten Bereich. Diderot bemühte sich im Verein mit den aus Deutschland stammenden Philosophen Grimm und

Denis Diderot, porträtiert von Jean-Honoré Fragonard, 1770. Im Unterschied zu Rousseau beeinflusst uns Diderot kaum. Doch er war nicht nur Wissenschaftsorganisator mit der «Encyclopédie». Er verstand sich auch auf zugespitzt religionskritische Aphorismen: «Der Gott der Christen ist ein Vater, der viel Aufheben mit seinen Äpfeln [gemeint: die Paradiesäpfel] gemacht hat und extrem wenig mit seinen Kindern.» Dergleichen findet sich bei Rousseau nicht.

Paul-Henri d'Holbach, Rousseau von seiner Liaison mit Thérèse Levasseur abzubringen. Laut Jean-François Marmontel, der ebenfalls in d'Holbachs Salon verkehrte und in seinen Memoiren die neben Voltaire gehässigsten Urteile über Rousseau verbreitete, befolgte Rousseau die antike Maxime, man solle so mit seinen Freunden umgehen, als würden sie eines Tages Feinde werden. Zwischen Rousseau und Diderot gab es drei philosophische Streitpunkte: Der eine galt der Religion, der andere der Lebensform der Zurückgezogenheit und der dritte der Philosophie selbst. Rousseau fühlte seinen Glauben an die Existenz einer Gottheit durch die atheistischen Argumente der Aufklärer um d'Holbach *erschüttert*. Sie, die er *glühende Missionare des Atheismus* nannte, *hatten mich nicht überzeugt, aber sie hatten mich beunruhigt.*[98]

Unverstanden von seinen Philosophenkollegen, war Rousseau am 9. April 1756 von Paris in die «Ermitage» nach Montmorency gezogen, die ihm Louise d'Épinay zur Verfügung stellte und die heute nicht mehr existiert. Dort liest er in Diderots Schauspiel «Le Fils naturel» den Satz: «Nur der Bösartige ist einsam.» Er bezieht diese Bemerkung auf sich und findet sie *schockierend und unehrlich*,

Die «Ermitage» bei Montmorency. Stich von Désiré nach Gautier

da sein Freund Diderot seinen Rückzug aus der Pariser Gesellschaft entweder vergessen habe oder keine Ausnahme machen wolle. Rousseau erwartet, dass Diderot ihn besucht. Es kommt auch zu Besuchen, Rousseau erscheint in Paris, Briefe werden gewechselt. Das Buch IX der *Confessions* zeichnet die Geschichte der Freundschaftskrise dramatisch nach. Was zum Bruch führen musste, ist aus Rousseaus Sicht, dass der um ein Jahr jüngere Diderot ihn *mit aller Gewalt wie ein Kind beherrschen* wollte.[99] Diderot riet Rousseau, Jean-François de Saint-Lambert, den Geliebten von Sophie d'Houdetot, über Rousseaus Leidenschaft für sie zu informieren. Er begeht dann selbst den Fauxpas, von sich aus Saint-Lambert in Kenntnis zu setzen. Rousseau bricht öffentlich ohne Nennung von Diderots Namen mit diesem, betont jedoch, er werde *seinem Herzen* fehlen.[100] Diderots Replik fällt 1758 maßlos aus: Rousseau habe ihn getäuscht, er verschweige, was er ihm verdanke, er sei «wie Satan, undankbar, grausam, heuchlerisch und bösartig», ein «Monster».[101] 1765 – Rousseau lebt inzwischen im erzwungenen Exil in Môtiers – versucht Diderot vergeblich eine friedliche Annäherung, doch Rousseau ist grundsätzlich gegen die Fortsetzung erloschener Freundschaften. Diderot wird Rousseau um sechs Jahre überleben. Seine Versuche, Rousseaus *Confessions* noch vor Erscheinen ihres zweiten Teils und nach dem Tod ihres Autors zu diskreditieren, gehören zu den hässlichen Zügen der Aufklärung. 1782, zwei Jahre vor seinem Tod und vier Jahre nach Rousseaus Ableben, ist sich Diderot nicht zu schade, um auf dessen Denkmal schreiben zu wollen: «Dieser Jean-Jacques, den ihr hier seht, war ein Perverser.» Grund dieses Hasses über das Grab hinaus: Rousseau habe sich zum «Antiphilosophen» und damit zu einem der «Fanatiker» gemacht.[102]

Rousseau entdeckte im Kreis dieser «philosophes» seiner Zeit, was ein Jahrhundert später Søren Kierkegaard gegen die deutschen Philosophen Georg Wilhelm Friedrich Hegel und Friedrich Wilhelm Joseph von Schelling noch einmal entdeckte: *Ihre Philosophie ist für andere; ich brauche eine für mich.*[103] Oder: *Ich habe niemals die Philosophie der Glücklichen dieses Jahrhunderts angenommen; sie ist für mich nicht geschaffen; ich suchte eine, die mehr zu meinem Herzen passt, die in der Gegnerschaft tröstender ist, ermutigender für die Tugend.*[104] Auch jene bekannte Forderung von Karl Marx in seiner 11. These zu Ludwig Feuerbach, es komme statt einer bloßen Interpretation der Welt auf deren Veränderung an, findet in Rousseau einen Vorläufer, von Arthur Schopenhauers Kritik an der Universitätsphilosophie ganz zu schweigen. Im *Discours sur l'origine de l'inégalité* setzt sich diese Kritik der Philosophie mit einem weiteren Argument fort: Es sei die Philosophie, die die Menschen entsolidarisiere, indem sie ihr Mitleidsgefühl mindere, das die Handlungsweise des vorzivilisatorischen Menschen noch bestimme. Unter dem Fenster eines Philosophen könne *man seinen Mitmenschen ungestraft ermorden.* Er halte sich die Ohren zu und *mache sich ein wenig mit Argumenten zu schaffen.* Es *ist die Kanaille, es sind die Marktfrauen, die die Kämpfenden trennen und die rechtschaffenen Leute hindern, sich gegenseitig umzubringen.*[105] In Buch IV des *Émile* wird 1762 die Kritik an den Philosophen ins Sarkastische gesteigert. Philosophen hätten *Gründe nur, um zu zerstören.* Das Entscheidende für den Philosophen sei, sich *über das Gewöhnliche zu erheben, vorausgesetzt, er löscht den Glanz seiner Konkurrenten aus.* Jeder ziehe die Lüge vor, wenn *die Wahrheit von einem anderen gefunden wurde.*[106] Der Gerechtigkeit halber muss hinzugefügt werden, dass Rousseau trotz dieser Kritik an der philosophischen Eitelkeit keinerlei Verdienste besitzt, selbst in soziale Missstände eingegriffen zu haben – vergleichbar den Verdiensten Voltaires, der mutig eine ganze Reihe furchtbarer Justizskandale anprangerte. Zugleich war Rousseau, wo er auch lebte, bei der Landbevölkerung und besonders bei den Kindern sehr beliebt.

Die «philosophes», die Denker der Aufklärung, rächten sich an Rousseau. In César Dumarsais' «Encyclopédie»-Artikel «Philosophe», von Diderot überarbeitet, wird ohne Namensnennung von Personen gesprochen, die zu viel und schlecht nachdenken. Sie «fliehen die Menschen, und die Menschen meiden sie». Für den «philosophe» dagegen sei die bürgerliche Gesellschaft «eine Gottheit auf Erden». Rousseau steht dieser Wertung gar nicht fern, ist der Gesellschaftsvertrag doch für ihn etwas Heiliges. Seine scharfe Kritik, die Philosophie entsolidarisiere, wird von dem Enzyklopädie-Artikel indes nicht widerlegt, sondern eher mit der Bemerkung bekräftigt, der Denker verstehe es, «neutral zu bleiben», wenn ihm ein Motiv zum Urteilen fehle.[107]

In dem zweiten seiner Dialoge über sich selbst, in *Rousseau juge de Jean-Jacques* (1772), hat Rousseau genauer ausgeführt, weshalb ihn die Preisfrage nach dem Fortschritt durch Kunst und Wissenschaft aufrüttelte: *Seit seiner Jugend hatte er sich oft gefragt, weshalb er nicht alle Menschen gut, weise, glücklich fand, denn dazu schienen sie ihm gemacht; er suchte in seinem Herzen das Hindernis, was sie davon abhielt, und er fand es nicht. [...] Er nahm einen verborgenen Gegensatz zwischen der Konstitution des Menschen und der unserer Gesellschaften an, doch das war eher ein taubes Gefühl, ein konfuser Begriff als ein klares und entwickeltes Urteil. Die öffentliche Meinung hatte sich sein Selbst unterworfen, sodass er nicht wagte, gegen so einmütige Entscheidungen Einspruch einzulegen. Die Preisfrage aus Dijon öffnete ihm plötzlich die Augen, klärte das Chaos in seinem Kopf, zeigte ihm ein anderes Universum, ein wahres goldenes Zeitalter, Gesellschaften einfacher Menschen, weise, glücklich.*[108] Diese Bemerkung fasst in gewisser Weise das Motiv der Gefühle und Gedanken Rousseaus zusammen. Er ahnte früh einen Zusammenhang zwischen den Glücksmöglichkeiten der Menschen und der Gesellschaft als Glücksverhinderung, doch sein eigenes Leben in der Gesellschaft verhinderte eine Klärung. Die Preisfrage zielte sicherlich auf die Antwort, dass der kulturelle Fortschritt selbstverständlich einen moralischen Fortschritt nach sich zieht. Rousseau verhalf sie zur Entdeckung seiner revolutionär entgegengesetzten Ansicht, die beinahe selbst ein Opfer der Unterwerfung unter die gesellschaftliche Einmütigkeit geworden wäre, wonach auf Wissensfortschritte moralische Fortschritte folgen.

Rousseaus *Discours sur les sciences et les arts* arbeitet vor allem mit drei Begriffen, um die Verschlechterung der gesellschaftlichen Lebenswelt als Folge der Künste und Wissenschaften zu markieren: *Verderbnis, Verfall, Auflösung.* In seiner ersten Replik auf Einwände kommt 1751 in seinem Brief an den Abbé Raynal das uns seit Nietzsche geläufige Wort *Dekadenz* hinzu. Entgegengesetzt werden diesen Verschlechterungen *Einfachheit, Glück und Reinheit.* Der Brief an Raynal endet zugleich mit einer Antithese, die alle Überlegungen des *Discours* zusammenfasst: *Ich weiß im Voraus, mit welch großen Worten man mich angreifen wird. Aufklärung, Kenntnisse, Gesetze, Moral, Vernunft, Wohlanständigkeit, Rücksichten, Sanftheit, Liebenswürdigkeit, Höflichkeit, Erziehung usw. Auf all dies werde ich nur mit zwei anderen Wörtern antworten, die in meinem Ohr stärker klingen. Seelenstärke, Wahrheit!* Für *Seelenstärke* steht bei Rousseau *vertu*, die er im *Discours* und auch später als *Kraft und Stärke der Seele* definiert. Dementsprechend dürfte sich auch ein älterer Vorschlag erledigen, *vertu* hier als christliche Tugend der Entsagung zu lesen.[109] Dass Rousseau die *Moral* der Dekadenz und die *vertu* der Unverdorbenheit zuordnet, macht jenes seit Nietzsche umlaufende Urteil, Rousseau sei ein «Moralapostel» gewesen, gegenstandslos.[110]

Dass Rousseau zwischen einer Bejahung und einer Verneinung der Preisfrage, ob Künste und Wissenschaften die Sitten gereinigt hätten, geschwankt haben soll, ist im Text selbst noch erkennbar.[111] Francis Bacon, für den naturwissenschaftlich-technischer Fortschritt der Verbesserung der Lebensbedingungen aller Menschen dienen soll, wird hier neben den zuvor von Voltaire zum Vorbild erklärten Isaac Newton und René Descartes als *Lehrer des Menschengeschlechts* bezeichnet. Diese Wertung widerspricht allerdings Rousseaus Ausführungen, die jeder Wissenschaft sittlich positive Folgen absprechen. Diesen Widerspruch scheint er bemerkt zu haben und führt am Ende eine andere Kritik ins Feld: *Aufklärung* dürfe nicht von der *Macht* getrennt bleiben. Solange dies nämlich der Fall sei, vollbrächten *die Wissenschaftler selten Großes, die Fürsten tun noch seltener etwas Passendes, und die Völker fahren fort, gemein, verdorben und unglücklich zu sein.*[112] Es ist nicht auszuschließen, dass sein Text wegen dieser Wendungen – das Ja zu Bacon, Descartes, Newton und das Votum für eine Verbindung von Aufklärung und politischer Macht – und nicht wegen der Verneinung sittlichen Fortschritts durch den wissenschaftlichen Fortschritt preisgekrönt wurde. In der Folgezeit wurde für die anderen und für Rousseau selbst der Hauptteil maßgebend. Der Kulturfortschritt hat hiernach dazu geführt, dass *man nicht mehr wagt zu scheinen, was man ist*, dass man die *Leichtigkeit, sich wechselseitig zu durchblicken*, verlor und dass sich stattdessen eine *verhängnisvolle Ungleichheit zwischen den Menschen eingeführt hat infolge der Distinktion der Talente und des Verfalls der Seelenstärke.*[113]

Rousseaus *Discours sur l'origine de l'inégalité*, der nach den Ursprüngen der gesellschaftlichen Ungleichheit fragt – nach dem Ursprung der natürlichen Ungleichheit zu fragen sei unsinnig, denn er sei bereits *in der einfachen Be-deutung des Wortes* «natürliche Ungleichheit» enthalten –, bildet bis heute den reichsten Fundus zuvor unbekannter Kulturkritik. Gewarnt wird davor, nach einer *essenziellen Verbindung der beiden Ungleichheiten* zu fragen, denn das würde bedeuten, dass *die Befehlenden notwendigerweise besser sind als die Gehorchenden,* eine Frage, die *Sklaven,* aber *nicht vernünftigen und freien Menschen zukommt, die die Wahr-*

Die preisgekrönte Schrift «Discours sur les sciences et les arts», mit der Rousseau 1750 mit einem Schlag berühmt wurde, zerstört die Illusion der bisherigen Aufklärung, wonach der Fortschritt von Kultur und Wissenschaften zugleich einen sitt-lichen Fortschritt bewirkt. Künste und Wissenschaften verderben uns, zerstören die soziale Gleichheit und wechselseitige Zugänglich-keit der Personen. Doch Rousseaus Schrift endet mit einer ganz anderen Diagnose: Beklagenswert sei, dass Aufklärung und politische Macht unverbunden seien.

*heit suchen.*[114] Bereits mit dieser Bemerkung greift Rousseau eine tragende Säule der Feudalaristokratie an. Denn Monarchie und Aristokratie sind auf das Urteil gegründet, dass die Herrschenden die Befähigten sind.

Dieser zweite *Discours,* der eine *Widmung an die Republik von Genf,* eine *Vorrede* und einen Einleitungsteil enthält und von einer Reihe langer Anmerkungen beschlossen wird, schickt dem Kern-thema *hypothetische und bedingte Argumentationen* über die lange Geschichte der Menschheit voraus.[115] Inhaltlich gibt Rousseau zwei Prinzipien vor, die *der Vernunft vorausgehen,* nämlich die Er-haltung unserer selbst und der innere Antrieb zum Mitleid, der dem Tier und dem Menschen gemeinsam sei. Der Impuls zum Mitleid werde nur dann außer Kraft gesetzt, wo es um eine *Selbst-erhaltung* gehe, die legitim sei.[116]

In seinem *Essai sur l'origine des langues* (1755–1761) wird Rous-seau später von der vorreflexiv-natürlichen Stellung des Mitleids abrücken. Das Mitleid benötigt jetzt das Urteil, um tätig zu werden. *Wir leiden nur in dem Maße mit, als wir urteilen, dass er [der andere] leidet.*[117] In seinem «Encyclopédie»-Artikel zum Mitleid ist Louis de Jaucourt Rousseaus Ansicht über die vorreflexive Stellung des Mitleids mit dem Argument treu geblieben, dass Kinder und un-vernünftige Menschen sich mitleidvoll verhalten können.[118] Rous-seaus revidierte Meinung könnte aus heutiger Sicht den Vorteil besitzen, dass das Mitleid auch noch in der Gesellschaft und ihrer

Dekadenz wirksam bleiben kann, während die Vergesellschaftung ein vorreflexives Mitleid eher erstickt. In seinem Sprachen-Essay legt Rousseau indes eine andere Urgesellschaft zugrunde. Aus Unkenntnis und daraus entspringender Furcht vor den anderen war der Mensch hier *bereit, den anderen alles Übel anzutun, dass er von ihnen befürchtete*[119].

Rousseaus *Discours sur l'origine de l'inégalité* enthält bereits auf den ersten Seiten zwei Bemerkungen, die den Beschäftigungen seiner Vorgänger mit dem vergesellschafteten Menschen grundsätzlich widersprechen. Diese nämlich *sprachen von Wilden Menschen und sie schilderten den Zivilisierten Menschen*[120]. Mit dieser methodischen Verwechslung gehe einher, dass bisher nicht klargeworden sei, dass Menschen wie Tiere im Naturzustand über eine weitaus stabilere Gesundheit verfügen als in der Gesellschaft und in der Domestikation. In diesem Zusammenhang kommt er zu einer umstrittenen Folgerung: Wenn die Natur *uns dazu bestimmt hat, gesund zu sein, so wage ich fast zu behaupten, dass der Reflexionszustand ein widernatürlicher Zustand und dass der nachdenkende Mensch ein verdorbenes Tier ist.* Dieser Satz, der auch bei Nietzsche stehen könnte, hat durchaus eine Entsprechung bei Montaigne, einem Autor, dem Rousseau stets naheblieb. Rousseaus Folgerung wird scharf von Diderot widersprochen; in dessen «Encyclopédie»-Artikel über das Naturrecht heißt es, dass, wer vernünftig zu denken ablehne, als ein «entartetes Tier» behandelt werden solle.[121]

Der Erste Teil des *Discours sur l'origine de l'inégalité* behandelt im Ganzen die mögliche Verfassung der Menschen im Naturzustand. Eine Gegenposition ist dabei die Annahme von Thomas Hobbes, dass die Menschen einander beherrschen wollen, daher gegeneinander Krieg führen und dass der Staat diesen gefährlichen Kriegszustand beendet. Aus heutiger Sicht ist Hobbes' Annahme, der Staat sei als künstliches Großsubjekt konstruiert, zur Erklärung der Vergangenheit weitaus idealistischer im Vergleich

Rousseau vertritt zwei verschiedene Deutungen des Mitleids, eine vor-vernünftige, die auch den Tieren zu eigen ist, und eine, wonach Mitleid erst durch vernünftige Überlegung über fremdes Leid erzeugt wird. Die zweite Deutung besitzt indes den Vorteil, dass Mitleid dann auch noch in der sozialen Dekadenz aktiv zu werden vermag.

mit Rousseaus Position. Rousseau hält Hobbes und anderen die Projektion des vergesellschafteten Menschen in den Naturzustand vor. Er, der sich stets gegen die Materialisten seiner Zeit wandte, vertritt hier eine Auffassung, die einer materialistischen Position näher kommt als die von Hobbes.

Für Rousseaus hypothetische Vorgeschichte der Menschheit bedarf nämlich der Mensch, der im Unterschied zum instinktgebundenen Tier frei ist, äußerer Zufälle, damit diese Freiheit sich zeigen und betätigen kann. Die «*Perfektibilität*», *die sozialen Tugenden […] konnten sich niemals von sich aus entwickeln*. Vielmehr *benötigten sie dazu die zufällige Hilfe mehrerer äußerer Ursachen*.[122] Im Zweiten Teil sind insbesondere die Entdeckung der Landwirtschaft und der Metallverarbeitung als derartige Ursachen angeführt.

Der Erste Teil dieses *Discours* redet über den Menschen so, wie er noch nicht war, wie er später sein wird und schließlich so, wie er vermutlich gewesen ist. Die Schwierigkeit für den Leser besteht daher darin, diese drei Bezüge ständig auseinanderzuhalten. Der Mensch, wie er noch nicht war, ist ein Mensch ohne die Sprache, über die wir verfügen und die mit ihren generellen und

Rousseau wirft Thomas Hobbes vor, mit seiner allgemeinen Gleichsetzung von Naturzustand und Kriegszustand gesellschaftliche Verhältnisse auf die Natur zurückprojiziert zu haben. Zugleich übernimmt Rousseau Hobbes' Staatsbegründung als Unterwerfung aller unter einen Gesellschaftsvertrag, den alle abschließen. Porträt von John Michael Wright, 1669

begrifflichen Bezügen weit über das hinausgeht, was dem auf die individuelle Gegenwärtigkeit fixierten Naturmenschen zur Verfügung stand. Der Mensch, wie er sein wird, ist der seine *Perfektibilität* zufällig entdeckende Mensch. *Perfektibilität* ist dabei ein Neologismus, der von Rousseau und Anne-Robert Turgot (ohne Wissen Rousseaus) gleichzeitig gebildet wurde.[123] Er stellt eine genauere Bezeichnung dar als Freiheit, denn *Perfektibilität* besagt zweierlei: freie Entscheidung für etwas oder sein Gegenteil und Ende aller dem Menschen vorgegebenen Ziele, somit das Ende einer teleologischen Ordnung der Welt zugunsten unserer freien Betätigungen. Zu Beginn des Zweiten Teils liefert Rousseau ein berühmtes Beispiel für die Entscheidungsmöglichkeiten der Menschen. Der erste Mensch, der ein Terrain eingegrenzt hatte und als sein Eigentum deklarierte, gründete damit die Gesellschaft. *Welche Verbrechen, Kriege, Morde, Elend, Schrecken hätte jemand dem Menschengeschlecht erspart, der die Pfähle ausgerissen und den Graben zugeschüttet hätte* und die anderen gewarnt hätte mit den Worten: *Hütet euch, auf diesen Lügner zu hören. Ihr seid verloren, wenn ihr vergesst, dass die Früchte allen und die Erde niemandem gehört.*[124] Infolge ihrer Perfektibilität hätten sich die Menschen für oder gegen die Etablierung des Privateigentums entscheiden können. Jede der beiden Entscheidungen habe unabsehbare Folgen.

Und wie sind die Menschen im Naturzustand vermutlich gewesen? Rousseau hat mit einer später gewählten Kurzformel davon gesprochen, dass *der Mensch ein natürlicherweise gutes Wesen sei*[125]. Das ist eine höchst missverständliche Aussage. Zum einen ist sie leer, denn mit der Angabe *gut* wird nichts beschrieben. Dennoch war es seit Platon metaphysische Tradition, das «Gute» als Beschreibung dessen zu verstehen, was der Fall ist. Zum anderen könnte sie moralische Einstellungen und Verhaltensweisen des Menschen meinen. Rousseau hat sich in seiner philosophiekritischen Haltung weder der ersten noch der zweiten Bedeutung angeschlossen. Der von Natur aus «gute» Mensch ist weder metaphysisch noch moralisch «gut». Dass dies nicht moralisch gemeint ist, ergibt sich aus der bereits vermerkten Äußerung, wonach Moral zur Gesellschaft, nicht aber zum Naturzustand gehört. Der Zustand der Naturmenschen bestand darin, dass *sie unter sich keinerlei moralische Beziehung besaßen, keine Pflichten kannten,* sodass sie *weder gut noch böse waren.*[126] Es ist in vieler Hinsicht Kant zu verdanken, der den Menschen mit der schwer nachvollziehbaren Eigenschaft ausstatten wollte, von Natur aus radikal, selbstverschuldet und moralisch böse zu sein, dass die vor-moralische «Güte» des Naturmenschen bei Rousseau ebenfalls als moralische Qualifikation missverstanden wird. Noch im 20. Jahrhundert war sich der spanische Philosoph José Ortega y Gasset nicht zu schade, im Widerspruch zu Rousseau und seinen Anhängern zu bemerken, der Mensch sei eine «böse Bestie» und dies sei eine «einfache Wahrheit», deren Leugnung uns viele Katastrophen beschert habe.[127]

Immanuel Kant hat sich selbst als Rousseau-Schüler verstanden. In Wirklichkeit ist kaum ein Denker weiter entfernt von Rousseau als Kant, der den Menschen als von Natur aus moralisch radikal böses Wesen versteht. Porträt von Gottlieb Doeppler (Doebler), 1791

Rousseaus ebenso berühmter wie missverständlicher Satz, dass der Mensch von Natur aus gut sei, bezeichnet bei ihm ausdrücklich einen vor-moralischen und nicht etwa einen von moralischem Pflichtbewusstsein bestimmten Zustand.

Die Naturmenschen waren in ihrer vor-moralischen Indifferenz untereinander weitaus weniger ungleich als die Menschen in der späteren Gesellschaft, da sie über keine Sprache, keine Techniken der Reproduktion von Wissen, keine Sesshaftigkeit verfügten, da sie *dieselbe Nahrung essen, auf dieselbe Art leben und genau das Gleiche tun*[128].

Wiederholt bemerkt Rousseau, dass die gesamte Entwicklung der Menschheit sich langsam und *unmerklich* vollzog.[129] Dementsprechend wurde das Privateigentum auch nicht mit einem Schlag erfunden, sondern resultierte aus einer Entwicklung, die Rousseau als *erste Revolution* bezeichnet, wobei die Metapher der «Revolution» sich hier nicht mehr auf einen Kreislauf bezieht, sondern auf einen Vorgang der Umwälzung innerhalb einer nicht mehr umkehrbaren Zeit.[130] Die erste Umwälzung bestand in der Einführung einer *groben Vorstellung wechselseitiger Bindungen*, einer aus *unartikulierten Schreien, vielen Gesten und einigen nachahmenden Geräuschen* bestehenden Sprache, *Familienunterschieden, Ehegatten- und Vaterliebe*.[131] Dieser Zustand sei *eine richtige Mitte zwischen der Gleichgültigkeit des primitiven Zustands und der ruhelosen Aktivität unserer Eigenliebe* gewesen. Dann folgt eine für Rousseaus gesamtes Denken zentrale Bemerkung über das Glücklichsein der Menschen in dieser Periode und den Verlust dieses Glücks: Dies *muss die glücklichste und dauerhafteste Epoche gewesen sein. Je mehr man darüber nachdenkt, desto mehr findet man, dass dieser Zustand am wenigsten Umwälzungen ausgesetzt war, für den Menschen der angemessenste war und dass er aus ihm nur infolge eines verhängnisvollen Zufalls heraustrat, der für den allgemeinen Nutzen niemals hätte geschehen dürfen. Es war die Jugend der Welt, und alle späteren Fortschritte waren scheinbar Schritte zur Perfektion des Individuums, tatsächlich aber zum Verfall der Gattung.*[132] Die Fußnote XVI fügt empirische Hinweise hinzu: Die heutigen Wilden leben noch näher an jenem Glückszustand. *Nichts vermag den unbesiegbaren Widerwillen zu überwinden, den sie beweisen, wenn es darum geht, unsere Sitten zu übernehmen und auf unsere Weise zu leben.*[133] Gegen Ende des *Discours* fasst Rousseau den Gegensatz zwischen Natur- und Gesellschaftszustand in den

Gegensatz zweier Existenzweisen zusammen: *Der Wilde lebt in sich selbst; der vergesellschaftete Mensch, stets außerhalb seiner selbst, vermag allein in der Meinung der anderen zu leben, und dies ist gleichsam das einzige Urteil, aus dem er das Gefühl für sein eigenes Dasein zieht.* [134]

Der Zufall eines Vulkans, der Metalle ausspie, könnte die Menschen dazu gebracht haben, *diese Operation der Natur nachzuahmen* [135]. So entstand die Metallbearbeitung. Da die mit dieser Arbeit Beschäftigten jedoch ernährt werden mussten, entwickelte sich die Landwirtschaft, und die Metalle wiederum wurden zur Optimierung der Landwirtschaft eingesetzt. Mit der Landwirtschaft kam der Eigentumsgedanke auf, denn was man selbst bearbeitet, soll auch einem selbst gehören. Damit ist eine allgemeine, Knechte und Herren umfassende Sklaverei verbunden. Denn der Arme und Besitzlose braucht den Schutz des Besitzenden, und dieser braucht dessen Dienste. Die Folgen sind *Usurpationen der Reichen* und *Räubereien der Armen*, womit der von Hobbes als Urzustand gedachte allgemeine Kriegszustand von Rousseau als etwas Abgeleitetes demonstriert wird.

Was folgt, ist eine Hypothese Rousseaus, die den angelsächsischen Liberalismus von John Locke nutzt, um ihn einer ihn restlos zerstörenden Deutung auszuliefern: Es kommt zur Vergesellschaftung, die, wie Locke wollte, darauf zielt, die im Naturzustand gebildeten Eigentumsfakten rechtlich zu sichern. Im Namen von *Gerechtigkeit* und *ewiger Eintracht* geschah es, dass *Gesetze* geschaffen wurden, *die dem Schwachen neue Fesseln und dem Reichen neue Kräfte gaben, die unumkehrbar die natürliche Freiheit zerstörten, für immer das Gesetz des Eigentums und der Ungleichheit festsetzten, aus einer geschickten Usurpation ein unwiderrufliches Recht machten und für den Profit einiger Gieriger nunmehr das gesamte Menschengeschlecht der Arbeit, der Knechtschaft und dem Elend unterwarfen.* [136] Damit sind die Voraussetzungen erfüllt zu einem *Vertrag der Regierung*, wobei die Regierung, da sie nur die listige Herrschaft der Besitzenden ist, zu einem *Monstrum*, dem *Despotismus* wird, aus dem schließlich ein zweiter Naturzustand als *Exzess der Verderbnis* entsteht. [137] In seinem «Encyclopédie»-Artikel *Économie politique* von 1755 hat Rousseau eine noch schneidendere Formel für den Pakt zwischen den Armen, *die für immer verloren sind*, und den Reichen gefunden. Hier nämlich sagt der Reiche zu den Armen: *Ihr braucht mich, denn*

*ich bin reich und ihr seid arm; treffen wir doch unter uns eine Verein-*
*barung: Ich erlaube, dass ihr die Ehre habt, mir zu dienen, unter der Be-*
*dingung, dass ihr mir das wenige geben werdet, was euch bleibt, und dies*
*für die Mühe, der ich mich unterziehen werde, um euch zu befehlen.* [138]
Damit hat Rousseaus politische Philosophie etwas geschaffen,
was es zuvor nicht gab. Er hat in das System gleicher Rechte den
Verdacht eingeschrieben, dass sie mit einer strukturellen Begüns-
tigung der Eigentümer einhergehen können. Karl Marx hat diesen
Satz später zitiert und nur ein Wort hinzugefügt: Es spricht nicht
der Reiche, sondern der «Kapitalist» [139]. Rousseau betont – gegen
Theorien der selbstverschuldeten Knechtschaft, der Eroberung,
der väterlichen Autorität –, dass aus der Sicht der den Regierungs-
pakt anstrebenden Völker diese *sich Anführer gegeben haben, um ihre*
*Freiheit zu verteidigen, nicht um verknechtet zu werden.* Daher sei die
gesetzliche Herrschaft der Reichen *das durchdachteste Projekt gewe-*
*sen, was jemals Eingang in den Menschengeist gefunden hat.*[140]

Rousseau hat für die Publikation seines *Discours sur l'origine de*
*l'inégalité* einige Passagen gestrichen. Dazu gehört eine Kritik der

Karl Marx hat Rousseau
vorgeworfen, methodisch
dem Robinson-Muster zu
folgen. In Wirklichkeit ist
er Rousseaus Entdeckung
verpflichtet, wonach eine
rechtliche Gleichheit in
einer Gesellschaft durch-
aus einhergehen kann mit
Privilegien der Besitzenden
und dauerhaften Nachtei-
len der Nichtbesitzenden.
Porträtaufnahme, um 1880
Trinquart, 1860

Rolle der Priester im französischen Absolutismus, die Voltaires Kampf gegen eine «infame» Kirche nicht nachsteht. Die Rede ist hier von *Götzendienst-Priestern*. Sie beherrschen *die Völker mit Aberglauben und die Regierenden mit Terror* und sinnen auf *Attentate* auf das Menschengeschlecht.[141]

Der zivilisationskritische hypothetische Rückgang Rousseaus in die Geschichte der Menschheit hat in seiner Zeit eine hitzige Diskussion ausgelöst; seine Bedeutung bleibt bis heute unerreicht im Hinblick auf die dynamische Verstrickung menschlicher Freiheit in zufällig entdeckte Nützlichkeiten. Sie könnten sich als Ruin der Menschengattung erweisen, sofern jede Optimierung nur den einmal eingeschlagenen fatalen Weg fortsetzt.

In der deutschen Philosophie versuchte man im Gegenzug zu Rousseau die Gattungsgeschichte später anders zu erzählen. Dabei wurde stets in einer Richtung übertrieben: in Richtung der Vernunft bei Kant oder Hegel, in Richtung von Gewalt bei Nietzsche, schließlich in Richtung eines seinsgeschichtlichem Verhängnisses durch die Technik bei Martin Heidegger.[142] Rousseau geriet

Martin Heidegger hat im 20. Jahrhundert die Technik als ein Schicksal gedeutet, das vom ‹Sein› selbst geschickt und gewendet wird. Rousseau verzichtete auf eine Deutung dieser Art und gab den technischen Revolutionen eine viel realistischere Interpretation und eine weit unangenehmere Prognose. Heidegger äußert sich zu Rousseaus Diagnose nicht. Foto von Fritz Eschen, 1965

dabei aus dem Blickfeld, bis er in der Mitte des 20. Jahrhunderts von einem bedeutenden Ethnologen wiederentdeckt wurde, der nicht zufällig der reinen Philosophie misstraute: Rousseau, so Claude Lévi-Strauss, sei «der am meisten ethnographische der Philosophen»; er sei «unser Meister, unser Bruder».[143]

Wohin gehen wir? Rousseau war der Ansicht, dass es kein Zurück gebe in jenen langen Glückszustand *der Jugend der Welt*, sondern dass sich der *Fortschritt* in *Richtung der Vervollkommnung der Gesellschaft und der Beschädigung der Gattung* allenfalls *unterbrechen* lasse.[144] Was Rousseau in nicht ganz ausdrücklicher Form vorgelegt hat, könnte hinauslaufen auf den Prozess einer Fehlentwicklung: Unsere *Perfektibilität* schließt offenbar ein, dass eine für unsere Gattung nachteilige Entscheidung (das Privateigentum) eine Kette von Optimierungen auslöst, die aber lediglich für einzelne Menschen Optimierungen darstellen und die zugleich den Zerstörungsprozess der Gattung verstärken. Dies ergibt einen «Nexus fatalis». Lévi-Strauss sieht sich in der Nachfolge Rousseaus, wenn er das Werk des Menschen als Desintegration deutet, an deren Ende der Mensch von der Erde verschwindet.[145]

Rousseau hat als Maxime seines gesamten Unternehmens *Vitam impendere vero* (*Das Leben dem Wahren widmen*) gewählt.[146] Er übernimmt mit dieser Devise des römischen Gesellschaftskritikers Juvenal («Satiren» IV.91) nicht etwa einen Allerweltssatz, sondern er setzt die Kulturkritik des Römers fort, befürwortet wie dieser die soziale Gleichheit und fühlt sich wie Juvenal als Zeitgenosse einer Despotie, die freiere Zeiten für immer verloren hat.[147]

1756 hatte Rousseau zusammen mit seiner Lebensgefährtin Thérèse Levasseur und deren Mutter ein Landhäuschen im Norden von Paris bezogen. Es stand im Dorf Montmorency und wurde «Ermitage» genannt. Zur Verfügung gestellt wurde es ihm von seiner Freundin Louise d'Épinay. Die Gesellschaft um den «philosophe» d'Holbach sagte ihm voraus, er werde dort nicht mehr als drei Monate Einsamkeit ertragen. Doch Rousseau vermisste seit fünfzehn Jahren Wälder, Spaziergänge, Bäche und kreative Zurückgezogenheit in der Natur. Als er sich während seines «Ermitage»-Aufenthalts in die Comtesse d'Houdetot verliebte, intrigierte Madame d'Épinay gegen ihn. Es kam daher zum endgül-

Der «Donjon» (hier ein Gartenhäuschen in turmartiger Gestalt) in Montlouis, in den Rousseau nach seinem Auszug aus der «Ermitage» mit Thérèse gezogen war. Hier verfasste Rousseau im Februar 1757 seine «Lettre à d'Alembert». Foto von 2005

tigen Bruch zwischen Madame d'Épinay und Rousseau. Seit dem 15. Dezember 1757 aus der «Ermitage» aus- und in das Gartenhaus Montlouis in Montmorency eingezogen, verfasst Rousseau *in einem recht rauen Winter* im Februar 1758 seine *Lettre à d'Alembert sur les spectacles*, die eine Brücke schlägt zwischen der Kulturkritik des *Discours sur l'origine de l'inégalité* und den weiterführenden Schriften zur Pädagogik und Politik. Seine Kulturkritik sucht jetzt nicht mehr nach allgemeinen Regeln des Verfalls. Vielmehr wird jetzt eine und nur eine Institution genauer geprüft, die seit der Antike geradezu das Kulturleben definierte, nämlich das Theater. Rousseau verwirft das Theater als eine der Gesellschaft gegenübertretende ästhetisch-moralische Einrichtung und votiert dafür, dass die Gesellschaft selbst sich als Fest organisiert und so das Theater überflüssig macht. In einem kleinen Turmzimmer, *das vereist war, weil ungeschützt gegen Wind und Schnee und ohne ein anderes Feuer als das meines Herzens, verfasste ich im Zeitraum von drei Wochen meinen*

*«Brief an d'Alembert über die Schauspiele».* Es *war die erste meiner Schriften, bei der ich von der Arbeit selbst entzückt war. Ich fühlte mich sterbend und glaubte dem Publikum mein letztes Lebewohl zu sagen.* Der Brief *hatte großen Erfolg. Er atmete die Zärtlichkeit einer Seele, von der man spürte, dass sie nicht gespielt war.*[148]

Die *Lettre à d'Alembert,* die Rousseau in einer Fußnote einmal einen *Essay* nennt, argumentiert nicht nur auf der Höhe der Dramendiskussion seiner Zeit, sie verbindet Dramenpoetik mit Gesellschaft, nimmt auf diese Weise die Literatursoziologie vorweg und lässt sich am Ende als Dokument eines antizipierten Avantgardismus lesen.[149] Dieser gern übersehene Beitrag Rousseaus zur Sozialpsychologie besitzt Bedeutung in der Entdeckung einer Öffentlichkeit, die nicht die der Regierung, nicht die der Gesetze und nicht die der Strafen, sondern die der öffentlichen Meinung ist. In einem Exkurs heißt es dazu: *Wodurch vermag die Regierung also Einfluss auf die Sitten zu nehmen? Ich antworte, dass dies durch die öffentliche Meinung geschieht. Wenn unsere Gewohnheiten aus unseren eigenen Gefühlen in der Zurückgezogenheit entstehen, so entstehen sie in der Gesellschaft aus den Ansichten der anderen. Wenn man nicht in sich selbst lebt, sondern in den anderen, so sind es ihre Urteile, die alles regeln; nichts erscheint den Einzelnen gut und wünschenswert als das, was die Öffentlichkeit als solches beurteilt hat […] weder die Vernunft noch die Tugend, noch die Gesetze besiegen die öffentliche Meinung. […] Die öffentliche Meinung, obwohl so schwer zu beherrschen, ist gleichwohl selbst sehr beweglich und wechselhaft. Der Zufall, tausend zufällige Ursachen, tausend unvorhergesehene Umstände bewirken, was Gewalt und Vernunft nicht schaffen.*[150]

In Genf war das Theater seit 1617 verboten. Rousseaus Brief bestärkte die Genfer in ihrer antitheatralischen Isolation, doch 1782, vier Jahre nach Rousseaus Tod, entstand auch in seiner Vaterstadt ein Theaterleben. Den Anlass für Rousseaus Brief lieferte Jean Le Rond d'Alemberts «Encyclopédie»-Artikel «Genf», in dem er für die Einrichtung eines Theaters in dieser Stadt votiert hatte. Sein Argument unterscheidet sich kaum von der Theaterleidenschaft seines Mitstreiters Voltaire: Drama und Theater dienen dem Fortschritt der Kunst und damit der Verfeinerung der Sitten. Die Schauspieler sind dementsprechend nicht mehr geringzuachten, sondern gleich würdig wie die übrigen Bürger zu behandeln. Damit schreibt d'Alembert exakt jene Verbindung zwischen zivilisatorischem und moralischem Fortschritt fort, die Rousseau mit seinem *Discours sur l'origine de l'inégalité* zerschnitten hatte. Rousseaus Antwort durfte daher nicht ausbleiben. Dass sie in keiner Weise eine Wiederholung seiner bekannten Argumente darstellte, sondern deren produktive Fortsetzung, scheint seine Zeitgenossen in Erstaunen versetzt zu haben.

Die Antwort d'Alemberts erscheint im Mai 1759 in Amsterdam, wo Rousseaus langer Brief ebenfalls erschienen war. Das Theater, so d'Alembert, diene dazu, «in uns die Wahrheiten tiefer einzuprägen, die wir zu lernen haben». Es sei, wie die Medizin, stärker in der Krankheitsvorsorge als in der Heilung.[151] Diese Antwort zeigt lediglich eine Verteidigung der traditionellen Auffassung, wonach das Theater moralisch heilsame Wirkungen besitze. Die Argumente Rousseaus werden nicht entkräftet. Rousseau trennte also auch für Theater und Schauspiel die Verbindung von Zivilisation und moralischem Fortschritt – und auch diese haben sich davon nicht mehr erholt.

Das Theater, so heißt es zusammenfassend im *Émile*, hat *nichts mit moralischen Vorschriften* und *nichts mit Wahrheit* zu tun. *Es ist da, um den Menschen zu schmeicheln, um sie zu amüsieren; es gibt keine Schule, wo man die Kunst, ihnen zu gefallen, so prächtig lernt.*[152] Gegenüber d'Alembert und dem europäischen Publikum fasst Rousseau in seiner *Lettre à d'Alembert* zusammen: *Die Tragödie wird uns Tyrannen und Helden darstellen. Was haben wir damit zu tun? Werden wir welche haben oder welche werden? Sie wird uns eine vergebliche Bewunderung der Macht und Größe geben; doch womit wird sie uns dienen? Werden wir deshalb größer und mächtiger sein?* Und über die Komödie: *Statt uns von unseren Lächerlichkeiten zu kurieren, schleppt die Komödie die der anderen herbei.*[153]

Bleibt der soziale und moralische Nutzen der im Theater gezeigten Dramen zweifelhaft und unerweislich, so wäre Rousseau ein einzigartiger Kunstfeind, da er das Theater nicht, wie die Puritaner in den Zeiten des Bürgerkriegs im England des 17. Jahrhunderts, aus christlich-religiösen Gründen, sondern aus einer Kombination poetologischer, soziologischer und moralischer Gründe ablehnt. Doch die *Lettre à d'Alembert* endet nicht mit Kulturkritik, sondern mit Vorschlägen, den *dunklen Innenraum* der Theater einzutauschen gegen die *freie Luft*, gegen einen *wahrhaftigen Atem des Festes*, indem unter den Staatsbürgern *die sanften Bande des Vergnügens und der Freude* geknüpft werden. Rousseau, der glaubte, dass Sparta und nicht etwa Athen auch hier das Muster vorgab, dachte an feierliche und periodisch wiederkehrende Bälle, an Tanz, an *die Versammlung einer großen Familie.* Damit wird Kunst, Theaterkunst, in das überführt, was die Avantgarden im 20. Jahrhundert forderten: in die Kunst der Lebensgestaltung. Es ging Rousseau weder um private Lebenskunst noch um Spaßgesellschaft, sondern darum, die Menschen selbst *zu Schauspielern zu machen und dafür zu sorgen, dass sich ein jeder in den anderen sieht und liebt, damit alle auf diese Weise mehr vereint werden.* Zwar lobt er in diesem Kontext seine Vaterstadt Genf, doch er weiß, dass, *wenn einige Genfer ansehnliche Güter besitzen, mehrere in harten Hungerbedingungen leben.*[154]

Im Grunde besaß Rousseau nur einen radikalen Fortsetzer seiner Kulturkritik. Der argumentierte wie folgt: Alles ist das Ganze. Es gibt keine Individuen. Dies ist die metaphysische Prämisse. Angewandt auf die moralische Entwicklung der Menschen, besagt sie: Der vorzivilisatorische Zustand war ein Kampf jedes gegen jeden wie bei Hobbes, doch die Einführung von Mein und Dein und die der Gesetze, die dies sichern sollen, brachten, ähnlich wie es Rousseau sieht, alles Unglück über die Menschen. Es braucht keine Revolten und keine Revolution, denn ein dritter Zustand ist evident und wird von allen gewollt. In dem dritten und endgültigen Zustand der Gesellschaft wird alles auch in der Gesellschaft natürlicherweise das Ganze sein, es gibt kein Mein und Dein, kein Privateigentum, keine es schützende Gesetze und Gottheiten mehr. Dieser dritte Zustand sei die Erfüllung dessen, was heute alle eigentlich wollen, nämlich friedliche Vereinigung aller als Gleiche. Fehlen werden: Religion, Städte, Bücher, Gesetze, soziale Klassen, Luxus, Familien. Diese Auffassung stimmt mit Rousseau nur in der zweiten Phase überein. Während Rousseau zum einen die Staatsgesetze neu begründet (durch den Allgemeinwillen), zum anderen eine Erziehung konzipiert, welche die soziale Entfremdung der Menschen verhindern soll, bietet sein radikaler Fortsetzer eine Utopie anarchischer Egalität. Dieser Fortsetzer wurde erst im 20. Jahrhundert entdeckt und ediert. Sein Name ist Léger-

Marie (Dom) Deschamps, Benediktinermönch in einem Kloster nahe Saumur. Er war zwei Jahre jünger als Rousseau und starb vier Jahre vor diesem. 1761, kurz vor der Fertigstellung seines *Émile*, wechselten Rousseau und Deschamps einige Briefe. Deschamps argumentiert oft deduktiv-analytisch. Dem will Rousseau nicht folgen: *Ordnung und Methode sind Ihre Götter und meine Furien. Und: Niemals bietet sich mir etwas dar, außer in isoliertem Zustand, und anstatt meine Vorstellungen in meinen Schriften zu verbinden, verwende ich eine Scharlatanerie der Übergänge.*[155] Doch Rousseau beschließt, inkognito zu Deschamps zu reisen, um mit ihm über ihre Vorstellungen zu reden. Seine Vertreibung aus Montmorency im Juni 1762 kam dazwischen. Die anderen, an die sich Deschamps auch wandte – Voltaire, Helvétius, Diderot, d'Alembert, d'Holbach –, mussten in Deschamps' Gesellschaftsutopie einen Angriff auf den Wert der Bildung sehen. Außerdem bezeichnete Deschamps die gesamte Aufklärung seiner Zeit als «Halb-Aufklärung». So erhielt Deschamps keine Publikationschance. Auch Rousseau riet von der Veröffentlichung ab, jedoch mit dem Argument, Veröffentlichen mache nur unglücklich.

Welche Präzisierungen hätte eine öffentliche Diskussion zwischen den drei Parteien Deschamps, Rousseau und den «philosophes» ergeben können? Die Revolution wäre bei einem öffentlichen Austausch der drei auf andere Weise vorbereitet worden, die Kritik am Privateigentum wäre vielleicht ins Zentrum der Aufklärung geraten.

> Der Benediktinermönch Dom Deschamps, von dem wir kein Porträt besitzen, war insofern der einzige radikale Fortsetzer von Rousseaus Kulturkritik, als er den Endzustand der Gesellschaft als eine völlige Gleichheit aller Menschen forderte, ohne Privateigentum, ohne Gesetze, ohne Religion. Rousseau stand mit ihm 1761 in Briefwechsel.

# Rousseau und Voltaire: ein noch immer aktueller Konflikt der Aufklärung

Bevor Rousseau 1745 mit Voltaire in Verbindung trat, war er bereits zweimal nach Paris gereist. Die erste Reise mit sehr kurzem Aufenthalt fand 1731 statt. Rousseau träumte hier vergeblich von einer militärischen Karriere. Danach verbrachte Rousseau ab 1735 zusammen mit Madame de Warens idyllische Lehrjahre in Les Charmettes mit dem Blick auf das in etwa zwei Kilometer Entfernung unter ihnen liegende Städtchen Chambéry am Rand der Westalpen. Les Charmettes, das Haus Montlouis in Montmorency und schließlich der Park von Ermenonville sind die drei noch heute erhaltenen wichtigen Stätten von Rousseaus Wirken. Les Charmettes ist mit seinen Lehrjahren verbunden, Montlouis in Montmorency mit seinem Wirken und Ermenonville mit seinem kurzen, glücklichen Lebensausklang. In Les Charmettes kommt ihm 1741 der Einfall, die bisherige Notenschrift durch Zahlennotierungen zu ersetzen. 1742 reist er das zweite Mal nach Paris, doch es gelingt ihm nicht, die Académie des Sciences von seinem Notierungssystem zu überzeugen. Dafür bleibt er diesmal länger in der Hauptstadt, lernt unter anderem Bernard de Fontenelle, Diderot, Pierre de Marivaux kennen und komponiert die Oper *Les Muses galantes*. Von Juni 1743 bis August 1744 geht Rousseau, der Italienisch sprechen, lesen und schreiben kann, als Sekretär des französischen Botschafters nach Venedig. Er überwirft sich mit dem wenig kompetenten Botschafter, der auf seine Sprachkenntnisse angewiesen ist, und kehrt über Lyon nach Paris zurück. Seit 1745 ist er liiert mit Thérèse Levasseur, einer Wäscherin, die er in der Pariser Rue des Cordeliers an seinem Wohnsitz, dem Hôtel Saint-Quentin, kennenlernt.

Der Konflikt zwischen Rousseau und Voltaire, der in den 1750er Jahren begann und bis zum Tod der Gegner im Jahr 1778 keine Auflösung fand, dauerte nicht nur mehr als zwanzig Jahre, sondern prägte zutiefst einen großen Teil des letzten Drittels in

Voltaire in seinem Arbeitszimmer, drei Jahre vor seinem Tod. Anonymes Gemälde, um 1775

Rousseaus Leben.[156] Ohne ihn hätte Rousseau sich nicht bemüßigt gefühlt, seinen Lebenslauf zu ergründen, seine Autobiographie und seine *Rêveries du promeneur solitaire* zu verfassen. In diesem Konflikt zeigt Voltaire, der die Einflüsse der Kirche auf die Justiz so kompromisslos und erfolgreich bekämpfte, einen unnachgiebigen Hass auf Rousseau und trübt auf diese Weise die Glaubwürdigkeit der Aufklärung. Der Konflikt reicht jedoch viel tiefer. Den üblichen Darstellungen dieses Konflikts werden hier drei Aspekte hinzugefügt: die von Voltaire begonnene Modernisierung der Philosophie, dann die Entdeckung der begrifflichen Defizite des Christentums, verbunden mit Rousseaus genial undurchführbarem Vorschlag einer post-christlichen Zivilreligion, und schließlich die Aktualität der Positionen Rousseaus und Voltaires in einer kritischen Phase der Globalisierung. Angesichts dieser Dimensionen ist es geboten, diese Auseinandersetzung nicht nur kurz zu erwähnen, sondern in ihrer Entstehung, ihrem Verlauf und ihren Konsequenzen zu verdeutlichen. Ohne Voltaire ist Rousseau nicht hinreichend zu verstehen. Voltaire war früh sein literarisches Vorbild und wurde wenn nicht sein Verhängnis, so doch die Bedingung, ohne die Rousseau seine unschätzbaren autobiographischen Schriften nicht verfasst hätte. Übrigens sind sich beide niemals begegnet, auch nicht flüchtig, wie Voltaire sich irrtümlich erinnerte.[157]

Aufklärung bedeutet nach heutigem Wissen eine naturrechtlich orientierte Begründung rechtlicher und politischer Normen, die Forderung nach natürlicher Religion, Erkenntniskritik statt Metaphysik, Newton'sche Mechanik und ein Autonomwerden der Ästhetik. Obwohl diese fünf programmatischen Forderungen von jedem Aufklärer geteilt wurden, ergaben sich vor allem zwei Linien der Divergenz: Das Interesse an der Mechanik konnte zu Materialismus führen, und die Begründung der Normen konnte im Sinn einer Emanzipation zu bürgerlichem Kapitalismus oder universalistisch verstanden werden. Dementsprechend gab es einerseits materialistische und nichtmaterialistische Aufklärer und andererseits bedingt und unbedingt emanzipatorische Denker. Der Streit zwischen Voltaire und Rousseau bezieht sich auf die Art der Emanzipation. Voltaire möchte diese auf das wirtschaftlich produktive Bürgertum beschränken, während Rousseau universalistisch Mensch und Staatsbürger als Einheit sehen will. Dieser Streit zeigt sich heute in der Globalisierungszeit erneut als bedeutsam, während der Konflikt zwischen Materialisten (Meslier, Helvétius, La Mettrie, d'Holbach, Diderot) und nichtmaterialistischen Aufklärern wie Buffon, Condillac, Condorcet, Voltaire und Rousseau eher historisches Interesse besitzt.

Der erste von Rousseau an Voltaire gerichtete Brief beginnt 1745 mit der Bemerkung: *Seit fünfzehn Jahren arbeite ich daran, mich Ihrer Blicke würdig zu erweisen.*[158] Obgleich übertrieben, so ist diese Floskel dennoch insofern aufrichtig, als Rousseau in seinen *Confessions* unter seinen schriftstellerischen Favoriten Mitte der 1730er Jahre Voltaires *Eleganz* und *schönes Kolorit* hervorhebt, *die mich verzauberten. Dieser damals entstehende Geschmack erlosch seither nicht,* fügt er hinzu.[159] Auch 1760, in seinem letzten Brief an Voltaire, der Voltaires Feindschaft mit der Formulierung auslöste: *Ich hasse Sie nunmehr, da Sie es so gewollt haben,* bekennt sich der inzwischen ebenfalls in ganz Europa bekannte Rousseau noch immer als *Schüler* und *enthusiastischer Anhänger* Voltaires. Allerdings reduziert sich die Achtung nunmehr *auf die Bewunderung, die man Ihrem schönen Genius nicht versagen kann, und auf die Liebe zu Ihren Schriften.*[160] Voltaire lässt diesen Brief unbeantwortet, schreibt aber an d'Alembert, Rousseau sei «gänzlich verrückt geworden», und an Madame d'Épinay gar, Rousseau hätte in dem Krieg (der «philosophes» und Enzyklopädisten gegen den Aberglauben) nützlich sein können, doch nunmehr gelte: «Er ist bereits tot.»[161] Als sich 1776, zwei Jahre vor Rousseaus Tod, Gerüchte verbreiteten, Rousseau sei an den Folgen eines Unfalls gestorben, ließ Voltaire erneut seine destruktiven Wünsche erkennen und schrieb in einem Brief: «Jean-Jacques hat gut daran getan zu sterben. […] er starb wie ein Hund.»[162]

Im November 1766 schreibt der zweiundsiebzigjährige Voltaire gegen den achtzehn Jahre jüngeren Rousseau: «Die Weisen, die er seit einigen Jahren getäuscht hat, müssen sich zusammentun, um ihm die Würde zu nehmen.» Voltaire ruft seine Zeitgenossen, die Aufklärer wie d'Alembert, Grimm, Diderot, dazu auf, Rousseau zu vernichten. «Jean-Jacques», heißt es weiter, «ist ein Ungeheuer.» Er sei «der bösartigste Verrückte, der jemals existiert hat; ein Affe, der diejenigen beißt, die ihm zu essen geben, ist vernünftiger und menschlicher als er». Man solle Rousseau einsperren und ihm Brot zuwerfen, falls er es benötige.[163] Einen solchen Ausbruch hat es, bei aller Rivalität, bei allem Hass und Krieg zwischen verfeindeten Autoren und Denkern, sonst nicht gegeben. Selbst die maßlosen Invektiven Diderots gegen seinen ehemaligen Freund Rousseau werden von Voltaire noch weit überboten.

Was war geschehen, dass es so weit kam, dass ausgerechnet der Aufklärer Voltaire den Rufmord eines anderen betrieb und ein Klima der Hetzjagd schuf? Seit 1755 beunruhigte Rousseau die Gegenwart Voltaires in Ferney nahe Genf. Rousseau fürchtete, dass unter dem Einfluss Voltaires in Genf ein Theaterleben entstünde, das er als politisch und moralisch verderblich betrachtete – wie oben in der Kontroverse mit d'Alembert ausgeführt. Bildete dies den Anfang des offenen Konflikts zwischen beiden Denkern, so gingen dem besonders zwei Auseinandersetzungen voraus. Voltaire missbilligte Rousseaus Zivilisationskritik, und Rousseau widersprach Voltaires beginnendem Pessimismus nach dem verheerenden Erdbeben von Lissabon im Jahr 1755.

Voltaire schrieb Rousseau im selben Jahr einen berühmten Brief, in welchem er ihm für seinen *Discours sur l'origine de l'inégalité* dankt, den er als Schrift «gegen die Menschengattung» liest. Der Brief trägt keine Spuren von Gehässigkeit, sondern rät Rousseau, die Bildung trotz ihres Missbrauchs zu lieben, so wie man fortfahren solle, Gott zu lieben trotz des Aberglaubens und des Fanatismus. Zugleich klingt in diesem Brief ein Motiv an, das Voltaire nicht mehr loslassen wird in seiner Wahrnehmung Rousseaus. Es lautet in seiner eigenen Formulierung: «Man hat niemals so viel Geist darauf verwendet, uns zu Tieren machen zu wollen; es kommt einen die Lust an, auf allen vieren zu gehen, wenn man Ihre Arbeit liest.» Im selben Jahr, 1755, hatte ein gewisser Charles Palissot de Montenoy in einer Komödie die zeitgenössischen «philosophes» verspottet, Voltaire aus Angst vor dessen Rache aber ausgespart. 1760 verfasste er eine zweite, erfolgreiche Komödie, «Les Philosophes modernes», die vor allem die Enzyklopädisten lächerlich macht, deren Werk der König 1759 verboten hatte. Ein Diener krabbelt in diesem Stück auf allen vieren über die Bühne und frisst Huflattich, doch der Text lässt Rousseau immerhin als «einzigartig Verrückten» gelten.

In seiner Antwort auf Rousseaus *Discours sur les sciences et les arts* von 1755 hinderte sein Sarkasmus Voltaire nicht daran, Rousseau erheblichen «Geist» («esprit») zuzusprechen – ein Urteil, das immerhin große Anerkennung ausdrückt. Allerdings hatte Rousseau in diesem ersten *Discours* 1750 die Unvorsichtigkeit besessen, Voltaire unter dessen eigentlichem Namen «Arouet» mit der Bemerkung anzugreifen, er sei selbst der allgemeinen Dekadenz verfallen und habe *männliche und starke Züge der Schönheit unserer falschen Verzärtlichung geopfert*[164]. Von dieser Kritik ist später nicht mehr die Rede, doch dass Voltaire dieses harte Urteil vergaß, ist unwahrscheinlich.

Rousseau antwortet bereits nach acht Tagen, am 7. September 1755: Voltaire gilt ihm nach wie vor als *Haupt* (*chef*) der Aufklärer, das zu bleiben er ihn mit Nachdruck bittet. Im Ton ist Rousseau konziliant, in der Sache bleibt er unnachgiebig. *Der Geschmack für die Wissenschaften und die Künste entsteht in einem Volk aus einem inneren Laster, welches das Laster alsbald seinerseits vergrößert, und wenn es stimmt, dass alle menschlichen Fortschritte der Gattung schaden, die des Geistes und der Kenntnisse, die unseren Hochmut und unsere Verirrungen vergrößern, so beschleunigen sie bald unser Unglück.* Dann fügt Rousseau ein Argument hinzu, das nahezu den Gedanken einer «Negation der Negation» in Hegels Dialektik vorwegnimmt und das erst in neuerer Zeit wiederentdeckt wurde: *Doch es kommt eine Zeit, wo das Übel so ist, dass die Ursachen selbst, die es hervorbrachten, nötig sind, um seine Vergrößerung zu hindern; man muss das Eisen in der Wunde lassen, aus Angst, dass der Verwundete stirbt, wenn man es herausreißt.*[165]

Voltaires Rousseau-Kritik gelingt in Satireform treffender als in Briefgestalt. So bemerkt er 1756 in der auf Rousseau gemünzten Satire «Timon», dass Timon (Rousseau) all seine Bücher verbrannt habe und der Ansicht sei, der grausame Hunnenkönig Attila habe Verse und Prosa verfassen müssen. Als der Erzähler und Timon von Räubern ausgeplündert werden, stellt sich heraus, dass die Räuber – die Voltaires Rousseau-Bild zufolge Verbrecher aufgrund von Wissenschaft und Bildung sein müssten – keinerlei Universität besucht haben und Analphabeten sind.[166] Diese witzige Satire trifft indes Rousseau nicht, der 1753 in der Vorrede zu seiner Komödie *Narcisse* (dem einzigen öffentlich aufgeführten Theaterstück Rousseaus) die Bildungsanstalten und das Theater für das geringere Übel in einer Zeit der zunehmenden Entfremdung der Gesellschaft von der Natürlichkeit beurteilt: *Meine Ansicht ist daher, und ich habe es bereits mehr als einmal gesagt, die Akademien, die Kollegien, die Universitäten, die Bibliotheken, die Schauspiele und die anderen Unterhaltungen bestehen und sogar sorgfältig pflegen zu lassen, die der Bösartigkeit der Menschen ein wenig abträglich sind und sie daran hindern, sich in ihrer Freizeit mit gefährlicheren Dingen zu beschäftigen.* Damit diese Konzession nicht wie eine Rücknahme seiner fundamentalen Kulturkritik wirkt, fügt er als Pointe hinzu: *Denn in einer Gegend, wo es nicht mehr um ehrbare Menschen noch um passende Sitten geht, scheint es angebrachter, mit Gaunern als mit Banditen zu leben.* Dieser Humor setzt sich fort in seiner Selbsteinschätzung von 1776: Rousseau *hat im Gegenteil stets auf der Erhaltung der bestehenden Einrichtungen bestanden, indem er urteilte, dass ihre Zerstörung bloß die Linderungen fortnimmt, die Laster übrig lässt und die Korruption durch Banditentum ersetzt.*[167]

Bald ergibt sich ein zweiter Anlass für den Briefverkehr mit

Voltaire. Im Februar 1755 stirbt in Paris der große Schriftsteller und politische Theoretiker Montesquieu. *Er hätte ewig leben sollen, um die Völker ihre Rechte und Pflichten zu lehren*, schreibt Rousseau.[168] Dann erscheinen Rousseaus *Discours sur l'origine de l'inégalité* und der «Traité des animaux» von Étienne de Condillac, dem einzigen «philosophe», mit dem sich Rousseau nicht zerstritt. Rousseau und Condillac urteilen kritisch über die «philosophes». Condillac bemerkt in dieser Abhandlung unter anderem, es sei typisch für die «philosophes», dass sie die absurde Ansicht vertreten, die Tiere besäßen keine Einsicht, obwohl die übrigen Menschen dies nicht so sehen. Aus Angst, mit den Tieren verwechselt zu werden, spreche man ihnen Gefühl und Intelligenz ab.[169]

Ebenfalls 1755 lässt sich Voltaire am Stadtrand von Genf in Les Délices nieder (1760 dann bis zu seinem Lebensende in Ferney auf französischem Boden nahe der Grenze zur Schweiz). Voltaire und Rousseau wechseln Briefe über die Bewertung der menschlichen Kulturleistung, die noch in diesem Jahr publiziert werden.

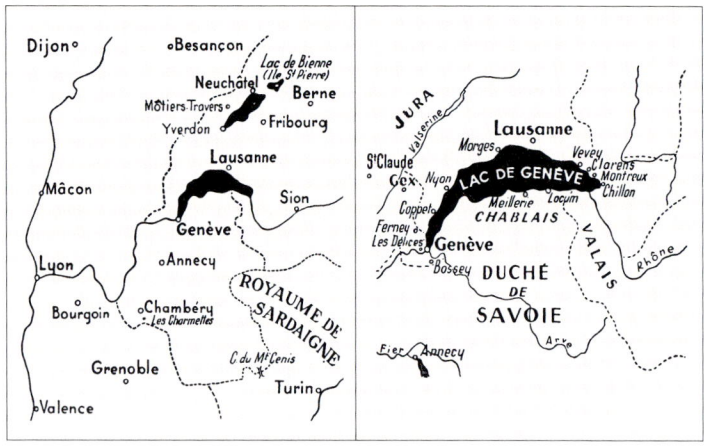

Zwei Karten zum biographischen und literarischen Geschehen.
Auf der linken Karte im Norden der Bieler See mit der Île de Saint-Pierre, südlich davon Môtiers. Weiter südlich neben Genf Annecy und Chambéry mit Les Charmettes. Auf der rechten Karte im Westen Les Délices und Ferney. Südlich und östlich des Genfer Sees Meillerie und Clarens, zwei wichtige Orte in der «Nouvelle Héloise»

Im November erscheint Rousseaus Artikel *Économie politique* im 5. Band der «Encyclopédie». Und noch etwas geschieht: Am 1. November wird die blühende Metropole Lissabon in wenigen Minuten fast vollständig zerstört; Kirchen, öffentliche und private Gebäude stürzen ein, 30000 oder gar 60000 Menschen sterben, die meisten in der vom Erdbeben ausgelösten Feuersbrunst. Unter dem Eindruck dieser Katastrophe beginnt Voltaire an seinem von Alexander Pope und Gottfried Wilhelm Leibniz übernommenen metaphysischen Optimismus zu zweifeln. Hatte Alexander Pope 1733 / 34 in seinem «Essay on Man» geschrieben: «Alles Widrige ist nur nicht verstandene Harmonie, / Alles Übel in den Teilen ist Gutes im Gesamten. / [...] Eine Wahrheit ist klar: Was auch immer ist, ist passend eingerichtet», so wird Voltaire nunmehr an dem Gefüge der gesamten überlieferten Ontotheologie irre, das heißt der Lehre vom Seienden im Allgemeinen und vom göttlichen Seienden.[170] Darin liegt ein wesentlicher Grund der immer noch bestehenden Aktualität Voltaires. Er war es, der in der Aufklärung den Gedanken wagte: Um unsere Welt mit ihren Übeln und die Menschen mit ihrem bösartigen Tun angemessen zu verstehen und um in diese Welt verbessernd einzugreifen, müssen wir die Ontotheologie suspendieren. Was Leibniz und Pope vertraten, verliert dann seine Bedeutung als Sinnhorizont unseres Geschichtsverständnisses. Dieser Gedanke wirkte dann im 19. und 20. Jahrhundert weiter bei Marx, Nietzsche, Heidegger oder Sartre.[171]

Voltaires «Poème sur le désastre de Lisbonne», das im Mai 1756 erschien, endet mit Hoffnung anstelle von Vorsehung: «Eines Tages wird alles gut sein, so ist unsere Hoffnung; / Alles ist heute bereits gut, das ist die Illusion.» Im Jahr 1999 schrieb der amerikanische Philosoph Richard Rorty, unsere Gattung könne Übel wie den Nationalsozialismus, Aids, sie «kann jede derartige Katastrophe überleben, solange ihre Hoffnungen heil bleiben». Auch damit wird wiederum Voltaire fortgesetzt.[172] Gegenüber der Neuerung Voltaires, die alte metaphysische Lehre von Gott und dem Seienden aufzugeben, scheint Rousseau in seiner Erwiderung zunächst ganz und gar ein Verfechter der alten Lehren zu sein. Rousseaus Brief ist indessen nicht so einheitlich, wie er sich zunächst gibt und wie ihn die Forschung bis heute verstanden hat.[173] *Dieser Optimismus, den Sie so grausam finden, tröstet mich gleichwohl in denselben Schmerzen, die Sie mir als unerträglich schildern. Das Gedicht von Pope lindert meine Übel und führt mich zur Geduld, Ihres verbittert meine Leiden [...] reduziert mich auf Verzweiflung.*[174] Für Pope waren weder Erdbeben noch Gestalten wie Cesare Borgia oder Catilina ein Einwand gegen die beste aller möglichen Welten: «If plagues or earthquakes break not Heaven's design / Why then a Borgia or a Catiline?» Inwiefern würde Rousseau an Voltaires Ansichten verzweifeln? Voltaire versuche, *die Macht Gottes auf Kosten seiner Güte zu rechtfertigen*[175]. In seinen *Confessions* urteilt Rousseau später: *Voltaire, der stets an Gott zu glauben schien, hat in Wahrheit niemals an etwas anderes als den Teufel geglaubt, da ja sein vermeintlicher Gott nur ein Übeltäter ist, der, wie er es sieht, allein an der Schadenszufügung Freude hat.*[176] Stattdessen müsse anders argumentiert werden: *Wenn Gott existiert, dann ist er vollkommen. Ist er vollkommen, so ist er weise, mächtig und gerecht; ist er weise und mächtig, so ist alles gut.*[177] Rousseau, der stets darauf Wert legte, Distanz zu bewahren gegenüber den «philosophes», argumentiert hier dogmatisch wie die Metaphysiker. Voltaire brauchte diese Lehrmeinung nur zu wiederholen und mit einem wirklichen Exzess von Ungerechtigkeiten zu konfrontieren, um Rousseau lächerlich zu machen. Die Argumentation Voltaires enthält das dem Platon-Leser Rousseau vertraute Argument, nicht die Gottheit sei schuld an den Übeln der Welt.[178] Sie bringt weiterhin vor, dass es *darum gehe, sorgfältig das partikulare Übel, dessen Existenz kein Philosoph jemals geleugnet habe, von dem allgemeinen Übel zu unterscheiden, das der Optimist leugne*[179]. Rousseau liefert sogar einen Vorschlag zur Präzisierung. Hatte Voltaire das Urteil «Alles ist gut» bereits in ein «Alles wird gut» verändert, so schlägt Rousseau vor: *Statt «Alles ist gut» wäre es vermutlich besser, zu sagen «Alles ist gut für das Ganze».*[180] Damit hängt eine ebenfalls von Leibniz abgeleitete Wertung zusammen: *Wenn es für uns besser ist, zu sein, als nicht zu sein, dann wäre das genug, um unsere Existenz zu rechtfertigen.*[181]

Bis hierher zeigt sich Rousseau als ein wenig origineller Wiederholer der von Platon, Leibniz, Nicolas de Malebranche oder Pope vorgebrachten Annahme einer vollkommenen Gottheit, die nur etwas Unvollkommeneres als sie selbst schaffen könne. Diese strukturelle Differenz zwischen der Gottheit und der von ihr geschaffenen Welt, das «metaphysische Übel», sei die Grundlage dafür, dass es natürliche und moralische Übel gebe. Doch Rousseau bleibt nicht stehen bei der Wiederholung der gängigen Metaphysik. Er fügt vier neue Überlegungen hinzu: die Unzufriedenheit der Reichen und der Intellektuellen, die von Menschen gemachte Misere, unser Unwissen über die Gottheit, den Vorschlag einer Zivilreligion. Voltaire hat auf diese vier Gedanken nicht geantwortet.

Unzufrieden mit ihrem Leben seien *die Reichen*, die nämlich seien *gesättigt von falschen Vergnügungen und kennen die wahren nicht, sie sind von ihrem Leben immer gelangweilt und zittern stets davor, es zu verlieren.* Unzufrieden seien gleichfalls die *Schriftsteller*. Diese *reflektieren am meisten und sind daher am unglücklichsten.* Im Wallis gebe es dagegen nicht *einen einzigen Bergbewohner, der unzufrieden ist mit seinem Leben.*[182] Die «philosophes» gingen so weit, zu *schreien, alles sei verloren, wenn sie Zahnschmerzen haben*[183]. Auch Voltaire selbst lebe *frei im Zentrum des Überflusses.* Trotzdem gelte: *Sie finden nur Übel auf der Erde. Und ich, ein obskurer Mensch, arm, allein, geplagt von einem unbehandelten Leiden, ich meditiere mit Lust in meiner Zurückgezogenheit und finde, dass alles gut ist.*[184] In seinen *Confessions* spricht er feindseliger über Voltaire: Dieser Mann sei *gleichsam geschlagen mit Wohlstand und deklamiere gleichwohl bitter gegen das Elend dieses Lebens*[185]. In der Tat hatte Voltaire früh finanziellen Erfolg, obskure Börsengeschäfte eingeschlossen. Doch er hat als Unternehmer den Bewohnern seiner Umgebung ebenfalls zu erheblichem Wohlstand verholfen und – trotz seiner Vorbehalte gegen das Volk als «canaille» – eine Schule für Arbeiterkinder eingerichtet.

Am meisten zitiert wird Rousseaus Argument, die Misere sei von Menschen verschuldet. In den *Confessions* heißt es: Das Übel besitzt *seine Quelle in dem Missbrauch, den der Mensch mit seinen Fähigkeiten getrieben hat*[186]. Das metaphysische Freiheitspostulat wurde von Rousseau in seinen beiden *Discours* zu etwas genutzt, was die Selbstgewissheit der Aufklärer irritierte: Kultur und Zivilisation erweisen sich als verhängnisvoll. *Alles ist gut, wenn es aus den Händen des Urhebers der Dinge kommt: Alles verliert seine Art unter den Händen des Menschen*, beginnt später der *Émile.*[187] Doch in seiner Antwort auf Voltaire gibt Rousseau dem kulturkritischen Argument eine andere und zumeist übersehene Wendung: *Wenn die Einwohner dieser großen Stadt [Lissabon] gleichmäßiger verteilt gewesen und auf leichtere Weise gebaut hätten, so wäre der Schaden weitaus geringer ausgefallen und vielleicht gar nicht vorhanden.*[188] Die Menschen fügten dem unvermeidlichen Übel des Erdbebens noch ein zweites hinzu, das sie vermeiden könnten. Die Bauweise ihrer Häuser und Städte müsse sich ändern, um Schaden vorzubeugen. Diese Antwort war für die damalige Zeit neu. Sie fügt sich indes in den technikbezogenen Optimismus der Aufklärung und gehört zum Lerninventar der Menschengattung. Rousseau votiert für technisch erreichbare Schadensprävention.

Mit dem Wissen über ein vollkommenes göttliches Wesen kontrastiert deutlich die Beschränktheit unseres Wissens. Für den Satz *Alles ist gut für das Ganze* gibt es keine *unmittelbaren Beweise, weder pro noch contra, denn diese Beweise hängen ab von einer vollständigen Erkenntnis der Weltbeschaffenheit und der Zwecksetzung ihres Urhebers. Diese Erkenntnis liegt unbestreitbar jenseits der menschlichen Intelligenz.*[189] Es mag zutreffen, dass Rousseau hier von Montaigne gelernt hat, der ihn auch sonst begleitete und der den grundlegenden Satz notierte: «Wir haben keinerlei Kommunikation mit dem Sein.»[190] Auch das berühmte Glaubensbekenntnis des Vikars aus Savoyen im *Émile* folgt dieser Linie: *Ich nehme Gott überall in seinen Werken wahr, ich fühle ihn in mir, ich sehe ihn überall um mich herum; doch sobald ich ihn in sich selbst betrachten möchte, sobald ich herausfinden möchte, wo er ist, was er ist, worin seine Substanz besteht, entgleitet er mir, und mein verwirrter Geist nimmt nichts mehr wahr.*[191] Darin ist ein Widerruf Malebranches enthalten, der behauptet hatte, dass wir alles in Gott sehen, insbesondere die Unendlichkeit, von der wir als endliche Wesen ansonsten keinerlei Vorstellung besäßen.[192]

Trotz seines Hasses auf Rousseau und trotz seiner Ablehnung des *Émile*, der ihn «genervt hat», hält Voltaire jenes Glaubensbekenntnis, jenes Votum für eine natürliche Religion und gegen die Offenbarungsreligion für die «gewagtesten Seiten, die man jemals geschrieben hat». Er wolle fünfzig Seiten dieses Textes «in Saffianleder binden lassen».[193]

Mit der Absage an einen offenbarungsreligiösen Blick in das Innere der Gottheit verbindet Rousseau im letzten Teil seines Briefes

Aussagen über das Verhältnis von Staat und Religion, die zu den wichtigsten seines Werkes und der Aufklärung im Ganzen gehören: *Doch bin ich wie Sie empört, dass der Glaube eines jeden sich nicht in seiner vollkommensten Freiheit befindet und dass der Mensch das Innere der Gewissen zu kontrollieren wagt, wohin er nicht vorzudringen vermag.* Zwar solle es eine gesetzlich geregelte Religion geben, doch *sie muss rein negativ sein, weil es Religionen gibt, die die Grundlagen der Gesellschaft angreifen, sodass es nötig wird, damit zu beginnen, solche Religionen auszulöschen, um den Frieden des Staates zu sichern.* Von den *zu verbietenden Dogmen ist die Intoleranz zweifelsfrei die hassenswerteste; doch muss man sie an ihrer Quelle erreichen, denn die leidenschaftlichsten Fanatiker ändern je nach den Umständen ihre Sprache und predigen nichts als Geduld und Sanftmut, solange sie nicht die Stärksten sind. Daher bezeichne ich als intolerant aus Prinzip jeden Menschen, der sich vorstellt, man könne kein echter Mensch sein, ohne zu glauben, was er glaubt, und der gnadenlos alle verdammt, die nicht denken wie er.*[194] Voltaire wird aufgefordert, nachdem er den *Katechismus des Menschen* geliefert habe, nunmehr *den Katechismus des Staatsbürgers* zu formulieren.[195] Das jedoch war nicht Voltaires Sache. Er lieferte ihn nicht, obwohl er die Intoleranz ablehnte wie Rousseau und noch heftiger bekämpfte als dieser.

Voltaire ließ antworten, er werde später antworten. 1764 verrät uns Rousseau, worin die Antwort Voltaires bestand: *«Candide» ist die Antwort. […] Ich wollte mit ihm philosophieren; seine Antwort bestand darin, mich zu persiflieren.*[196] Voltaires berühmter Roman «Candide» wendet sich gegen Leibniz' «Theodizee». Da Leibniz behauptet, die Welt sei trotz ihrer Übel optimal eingerichtet, bleibt jeder Hinweis auf die Existenz der Übel, wie ihn Voltaire unternimmt, als Gegenargument wertlos.

Läuft die Anti-Leibniz-Strategie des «Candide» ins Leere, so ist das Votum der Überwindung der «Langeweile» («ennui») durch tätige Arbeit eine anthropologisch interessante Botschaft des Romans, die Rousseau nicht gänzlich fernsteht. Statt metaphysischer Spekulation geht es darum, «unseren Garten zu bestellen», das heißt, tätig zu sein, weil die Arbeit uns von den eigentlichen Übeln befreit, die Leibniz und Pope nicht alle erfasst zu haben scheinen, nämlich die Langeweile, das Laster und das Bedürfnis. Allerdings findet sich Voltaires Gedanke bereits in einem Aphorismus von

Vauvenargues vorgeformt: «Die aktiven Menschen ertragen mit weniger Geduld die Langeweile als die Arbeit.» Auch in dem Libertin-Roman «Thérèse philosophe» von 1748 klingt das Motiv an, dass der Mensch nicht müßig sein könne, sondern durch Tätigkeit in den Austausch mit anderen treten müsse.[197]

Langeweile, eigentlich «gelangweilte Mattigkeit», scheint ein soziales Phänomen des Ancien Régime gewesen zu sein. Die gebildete und an der Förderung der Kultur stark interessierte und vom König zur Herzogin erhobene Madame de Pompadour hatte vor allem deshalb so bedeutenden Einfluss auf Ludwig XV., weil sie fähig war, ihm die Langeweile zu vertreiben. Rousseau kannte übrigens die Pompadour persönlich, schrieb ihr mehrfach, und sie erschien mit dem König 1752 in Fontainebleau zur Aufführung von Rousseaus Singspiel *Le devin du village*. Rousseau erhielt vom König 100 und von ihr eigens 50 Taler für sein Werk. Gleichwohl urteilt Rousseau später, die Pompadour sei eine *halsstarrige Frau, die stets ihren Verstand, wenn sie überhaupt einen besaß, ihren Geschmacksvorlieben opferte*[198].

Blaise Pascal beschrieb im 17. Jahrhundert die Ruhelosigkeit der Menschen, die Ablenkung durch die geringste Sache suchen, weil sie sich beständig grundlos langweilen. Voltaire und Rousseau fügen hinzu, die Langeweile sei Resultat einer Lebensweise, nämlich entweder der vormodernen Suche nach Glück, ohne zu arbeiten (so Voltaire), oder die Folge jener beschriebenen Entfremdung des Menschen von seinen natürlichen Glücksmöglichkeiten (so Rousseau). Langeweile, bei Pascal noch eine anthropologische Konstante, verliert bei Voltaire und bei Rousseau diesen Status und wird Symptom einer sozialen Fehlentwicklung.[199]

Rousseau selbst kannte keine Langeweile: *Auch wenn ich allein war, habe ich niemals die Langeweile gekannt, selbst in der vollständigen Beschäftigungslosigkeit: Meine Einbildungskraft, die alle Leere ausfüllt, reicht allein aus, um mich zu beschäftigen. Nur das untätige Geschwätz in den Zimmern, bei dem man einander gegenübersitzt, um lediglich die Zunge zu bewegen, das habe ich niemals ertragen können.*

Voltaires Rousseau-Kritik in seinem «Candide»-Roman setzt sich wie folgt fort: Im 16. Kapitel des «Candide» wollen Eingeborene Cacambo und Candide aufspießen, braten und verzehren, weil sie die beiden für Jesuiten halten. Als Cacambo ihnen erklärt,

Die Duchesse de Pompadour auf einem Gemälde von François Boucher aus dem Jahr 1756. Rousseau kannte sie und schätzte sie nicht. Gleichwohl hat sie sich um die Kultur verdient gemacht – was im Porträt das Buch in ihrer Hand und die Bücher im Hintergrund ausdrücken – und zum Beispiel die «Encyclopédie» trotz deren Verbot fortsetzen lassen.

dass sie gar keine Jesuiten seien, lassen sie von ihnen ab. Also, bemerkt Candide unfreiwillig ironisch, ist die reine Natur gut, denn wir werden nicht von den Wilden verspeist, weil sie wissen, dass wir nicht Jesuiten sind. Napoleon hat bemerkt, bis zum Alter von sechzehn Jahren sei er Anhänger Rousseaus gewesen und hätte sich geschlagen mit den Freunden Voltaires. «Heute», fuhr er fort, «ist es das Gegenteil. Ich bin von Rousseau angewidert, seit ich den Orient gesehen habe. Der wilde Mensch ist ein Hund.»[201] Napoleon verwechselt hier Rousseaus Wilden von einst mit Zeitgenossen von heute. Außerdem spricht Rousseau an keiner Stelle von «edlen Wilden». Der berühmte Ethnologe Claude Lévi-Strauss, einer der wirkungsvollsten Fortsetzer Montaignes und Rousseaus im 20. Jahrhundert, hat auf das Fehlen dieser Formulierung bei Rousseau hingewiesen und betont, dass sie eher Teil einer US-amerikanischen Ideologie sei.[202]

Die vielleicht nachhaltigste Anspielung auf Rousseau findet sich im 21. Kapitel des «Candide». Candide fragt den Manichäer Martin, ob er glaube, dass die Menschen zu jeder Zeit Lügner, Verräter, Verbrecher, Fanatiker etc. gewesen seien, und Martin antwortet: «Wenn die Sperber immer den gleichen Charakter gehabt haben, warum wollen Sie, dass die Menschen den ihren verändert hätten?» Rousseaus Gattungsvorstellung vom Menschen wird hier erneut abgewiesen. Wer sie erwägt, ist einfältig wie Candide. Schon 1683 hatte Fontenelle in seinen «Dialogues des morts» Sokrates zu Montaigne sagen lassen, nur «das Äußere des Menschen» ändere sich, «aber das Herz ändert sich überhaupt nicht, und der ganze Mensch ist im Herzen». Dagegen setzt Rousseau die Metapher einer *Genealogie* der Zivilisation.[203] Der weise, zum Dualisten und Manichäer gewordene Martin teilt Candide im 20. Kapitel unter anderem mit, «dass in den Städten, die Frieden genießen und wo die Künste blühen, die Menschen von mehr Gier, Sorgen und Unruhen verzehrt werden als eine belagerte Stadt an Heimsuchung erfährt». In dieser Beobachtung klingt Rousseaus Kulturkritik an. Will Voltaire Rousseau hier in eine manichäische Position rücken, die das Weltgeschehen als Kampf eines guten gegen ein böses Prinzip versteht?

Rousseau konnte nicht ahnen, was sich bei Voltaire inzwischen festgesetzt hatte: Voltaire scheint tatsächlich der Ansicht gewesen zu sein, Rousseau fordere uns auf, den Weg aus der Zivilisation zurückzugehen und zu leben wie die Tiere. Dieses Motiv führt ihn 1766 zu der verfehlten Satire «Lettre du Docteur Jean-Jacques Pansophe», in welcher Rousseau sich vor seinem Tod auf allen vieren zu seinen Adepten schleppt und in einer langen Rede exzessiv die Antizivilisation lobt: Ein Trunkenbold sei mehr wert als alle europäischen Philosophen, die Wissenschaft sei die Mutter aller Verbrechen, die gesellschaftlichen Institutionen machten unglücklich, das wahre Glück liege darin, allein zu leben, wilde Früchte zu essen, auf der Erde oder auf Bäumen zu leben und niemals zu denken. Wahre Tugend trachte danach, sich beständig dem Tierzustand zu nähern, welcher der dem Menschen natürliche Zustand sei.[204] Diese satirische Propaganda hat erfolgreich dafür gesorgt, dass mit Rousseaus Namen bis heute eine Rückkehr zur vorzivilisatorischen Natur verbunden wird. In der Tat fordert Rousseau eine Rückkehr zur Natürlichkeit, aber nicht eine Rückkehr in den Naturzustand der Menschheit. Wenn beides, wie Voltaire dies tut, nicht unterschieden, sondern sinnwidrig gleichgesetzt wird, dann muss Rousseau nicht nur als Feind der Zivilisation erscheinen, sondern auch als Verräter an der Befreiung des Menschen von seinen Vorurteilen, als Verräter an der Aufklärung als Emanzipation. Die Forderung nach einer Rückkehr nicht in den Naturzustand, sondern zur Natürlichkeit kann dagegen anknüpfen an die stoische Maxime, wir hätten im Einklang mit der Natur zu leben, oder an Montaignes Forderung, wir sollten in einer freundschaftsorientierten Beziehung zu den Tieren stehen. Voltaire verwechselt Rousseaus Zivilisationskritik mit dem, was in der Antike die Kyniker gefordert haben: keine über das Tierische hinausgehenden Bedürfnisse bei uns Menschen!

In seinem autobiographischen Dialog *Rousseau juge de Jean-Jacques* (1772) schreibt er über seine Liebe zu und seinen Umgang mit den Tieren: *Seine lebhafteste und vergeblichste Leidenschaft war, geliebt zu werden; er glaubte, dafür gemacht zu sein: Er befriedigte diese Phantasie zumindest mit den Tieren. Stets wandte er Zeit und Mühe auf, um sie anzulocken und zu streicheln; er war der Freund, fast der Sklave seines Hundes, seiner Katze, seiner Girlitze: Er besaß Tauben, die ihm überallhin folgten, die ihm auf die Arme, auf den Kopf flogen, bis zur Belästigung: Er zähmte die Vögel und die Fische mit einer unglaublichen Geduld, und es gelang ihm, in Monquin in seinem Zimmer Schwalben nisten zu lassen. Die hatten so viel Vertrauen zu ihm, dass sie sich dort sogar einschließen ließen, ohne sich zu erschrecken.* In Buch VI der *Confessions* berichtet er, was ihm 1736 im Landhaus Les Charmettes südöstlich von Chambéry, wo er mit Madame de Warens

Blick von Les Charmettes auf Chambéry. Die Gartenanlage aus Rousseaus Zeit wurde unverändert gelassen. Foto von 2008

lebte, mit den Bienen geschah: *In den ersten Tagen machte mich die Neugier indiskret, und sie stachen mich zwei oder drei Mal, doch danach schlossen wir richtig Bekanntschaft, sodass sie mich, wie nahe ich auch kam, gewähren ließen; wenn die Stöcke voll waren und die Bienen bereit zum Ausschwärmen, umringten sie mich manchmal, ich hatte sie auf der Hand, auf dem Gesicht, ohne dass mich jemals eine stach. Alle Tiere misstrauen dem Menschen und haben darin nicht unrecht; doch sind sie einmal sicher, dass der Mensch ihnen nicht schaden will, wird ihr Vertrauen so groß, dass man barbarischer als barbarisch sein muss, um es zu missbrauchen.*[205] Bernardin de Saint-Pierre, Rousseaus Freund seit 1771 und sein erster Biograph, zitiert Rousseau über die Stimme der Nachtigallen wie folgt: *Unsere Musiker haben alle ihre Höhen und Tiefen, ihre Roller und Launen imitiert; doch was sie ausmacht, ihre gedehnten Piou Piou, ihre Seufzer, ihre die Seele berührenden und ihren Gesang durchziehenden Klagetöne, das hat keiner auszudrücken verstanden.* Über James Boswell, der ihn 1764 in Môtiers besuchte und der keine Katzen mag, bemerkt er: *Das [Boswells Abneigung] habe ich mir gedacht. Es ist meine Charakterprobe. Die Menschen verraten da ihre Herrschsucht; sie haben Katzen nicht gern, weil die Katze selb-*

*ständig ist und sich nicht versklaven lässt. Sie tut nichts auf Befehl, wie andere Tiere. [...] Eine Katze kann sehr anhänglich sein; sie tut alles, was man nur will, aus Freundschaft.* [206]

Die Geschichte des Konflikts zwischen Rousseau und Voltaire verführt vermutlich noch immer dazu, mal für Voltaire, mal für Rousseau Partei zu ergreifen. Für Voltaire spricht, dass er immer wieder versuchte, Rousseau Frieden und Versöhnung anzubieten. Nennt er ihn eben noch ein «Ungeheuer», so will er ihn sogleich brüderlich aufnehmen, als ihm irrtümlich gemeldet wird, Rousseau betrete sein Anwesen.[207] Gegen Rousseau spricht, dass er keinerlei Bereitschaft zeigte, auf die Aussöhnungsangebote einzugehen; für Rousseau spricht jedoch, was Bernardin de Saint-Pierre vermerkt: «Niemals praktizierte er üble Nachrede, nicht einmal gegenüber Voltaire.» [208]

Als Voltaire auch Friedrich den Großen drängte, gegen Rousseau, dem der König ein Asyl im preußischen Môtiers und reichliche finanzielle Unterstützung gewährte, Stellung zu beziehen, antwortete dieser: «Ich bin der Ansicht, dass er unglücklich und zu bedauern ist. Ich habe weder seine Paradoxe noch seinen zy-

Rousseaus Asyl von 1763 bis 1765 im damals preußischen Môtiers. Französischer Stich aus dem 18. Jahrhundert

nischen Ton gern. Aber man soll vor den Unglücklichen Achtung haben. Nur verdorbene Seelen fallen über sie her.»[209] Rousseau bemerkte gegenüber James Boswell in Môtiers, er betrachte den König von Preußen als *Sonderfall. Die Kraft, die er hat!*[210] Am 1. November 1762 schreibt er an den König unter anderem wie folgt: *Sire. Sie sind mein Beschützer und mein Wohltäter, und mein Herz ist für die Dankbarkeit geschaffen. [...] Sie wollen mir Brot geben: fehlt es keinem Ihrer Untertanen daran?*[211] Die Kraft des Königs lag nach der zitierten Äußerung Friedrichs in einer Praxis schützender Toleranz, die beide Kontrahenten hätte beschämen können. Es sollte nämlich nicht vergessen werden: Voltaire und Rousseau schwebten ständig in Lebensgefahr, die von einer heute nicht mehr vorstellbaren Willkürjustiz ausging; deren grausige Verdienste teilten sich der Klerus und der Absolutismus Ludwigs XV. Voltaire war in seinen frühen Jahren zweimal, allerdings unter noch milden Bedingungen, in der Bastille inhaftiert; Adlige ließen ihn zweimal überfallen und verprügeln. Rousseau entkam 1762 der Gefangennahme, weil hohe Adlige ihm zur Flucht verhalfen.

Es gab kein allgemeines Strafrecht, und die von der Justiz verhängten Strafen waren drakonisch: Bereits für einen einfachen Diebstahl drohte der Galgen. Wer einen Protestanten bei sich übernachten ließ, wurde zu lebenslanger Galeerenstrafe verurteilt. Die Lage verschlimmerte sich 1757 nach dem Attentatsversuch von Robert-François Damiens auf Ludwig XV. Mit dem Tod bestraft werden konnten nunmehr Verfasser, Verkäufer und Verbreiter von Schriften, die die katholische Religion angriffen und die monarchische Ruhe des Staates störten.[212]

Zu welchem Klima der persönlichen Unsicherheit und des Schreckens dies führen konnte, bezeugt Rousseau selbst: Im November 1769, kurz vor seiner Abreise nach England, entdeckt Rousseau eine Lücke in seiner Korrespondenz zwischen November 1756 und März 1757. Die Briefe, obwohl ohne politischen Inhalt, sind unauffindbar und scheinen gestohlen. Ein Verdacht steigt in ihm auf ...

Obwohl die Rousseau-Literatur dazu neigt, in seinem Verhalten eher psychopathische Züge zu diagnostizieren, ist zu betonen, dass die Verdächtigungs- und Strafpraxis dieser Jahre seine Angst durchaus verständlich werden lässt. 1769 war in der Dauphiné ein

Mann festgenommen worden, der der Komplizenschaft mit dem Attentat von 1757 auf Ludwig XV. beschuldigt wurde. Rousseaus fehlende Briefe fallen exakt in die Zeit vor und nach dem Attentat. Rousseau, der seit langem an ein Komplott gegen sich glaubt, das von seinen einstigen Freunden im Umkreis der «Encyclopédie» betrieben wird, kommt der Verdacht, man habe die Briefe entwendet, um ihn in die Vorbereitung des Attentats zu verwickeln. Ein grässlicher Tod hätte dann auf ihn gewartet. Der Attentäter Damiens war geviertelt, zerstückelt und verbrannt worden. In Panik sucht Rousseau Rat bei anderen, die ihn beruhigen. Jener großartige Fürst Louis François de Conti, der Rousseau stets wirksam geschützt hat und dem nachgesagt wird, er habe alle Menschen als gleich betrachtet und die angemaßten Rangunterschiede nicht gelten lassen wollen, antwortet ihm: «Ich schwöre Ihnen, dass ich keine Kenntnis davon habe, dass Sie wegen irgendeines Verbrechens angeklagt seien. Verachten Sie diese niedrigen Verleumdungen und verurteilen Sie Ihre eigene Einbildungskraft.» [213]

Indes war es zu jener Zeit nicht leicht, der Strafphantasie Grenzen zu setzen. 1766 war der neunzehnjährige Chevalier de la Barre enthauptet und verbrannt worden, dem man zur Last legte, er habe religiöse Spottlieder gesungen, in Abbéville seinen Hut nicht vor einer Prozession abgenommen, er sei vor ihr nicht auf die Knie gefallen und habe ein Holzkruzifix mutwillig beschädigt. Keiner der Anklagepunkte wurde bewiesen, doch der Henker ließ zusammen mit dem Unschuldigen Voltaires «Dictionnaire philosophique» verbrennen. Der Klerus versuchte eine Kausalität herzustellen zwischen der Voltaire-Lektüre und todeswürdiger Gotteslästerung (Voltaire publizierte zwar nur anonym, doch viele wussten, wer dieses Wörterbuch verfasst hatte). Voltaire wich in die Schweiz aus. Bereits zuvor, 1764, war er in Gefahr geraten, als Rousseau ihn als Verfasser des «Sermon des cinquante» bezeichnet hatte. Der Konflikt zwischen Voltaire und Rousseau kann schwerlich verstanden werden ohne den gespenstischen Verdacht der Komplizenschaft der jeweils anderen Seite mit einem Regime, von dessen Grausamkeit, Illegitimität und letztlichem Sturz beide, Rousseau ebenso wie Voltaire, zutiefst überzeugt waren.

Voltaire hatte am Ende seines «Sermon» das Christentum als «Perversion der natürlichen Religion» bezeichnet und seine Autorschaft versteckt. Natürlich ahnten viele, dass er der Autor war. Nun hatte Voltaire seinerseits versucht, Rousseau als Verfasser ins Spiel zu bringen. Dieser rächte sich im 5. Brief seiner 1764 erscheinenden *Lettres écrites à la montagne*, in welchem er Voltaire sprechen und sich als Verfasser des «Sermon des cinquante» bezeichnen lässt. Was war daran so schlimm? Pseudonyme – Rousseau verwandte sie nicht – waren keine artistische Spielerei, sondern sollten einen gewissen Schutz vor der grausam strafenden Staatsmacht bieten. Der Verlust dieses Schutzes erklärt teilweise die Rache Voltaires, die zu den finsteren Seiten der Aufklärung gehört.

Ende Dezember 1764 sieht sich Rousseau in der achtseitigen anonymen Schrift «Sentiment des citoyens» diffamiert. Ein anonym bleibender Genfer, der sich zu «unserem Heiland» bekennt, befindet, dass Rousseau ein Verleumder, ein Blasphemiker, ein Verräter am Christentum sei. Dann wird Rousseau, der kein Wissenschaftler und bloß ein verkrachter Künstler sei, die Berechtigung zu jeder Kritik am Christentum abgesprochen. Denn er habe sich infolge seiner Ausschweifungen eine Geschlechtskrankheit zugezogen, habe die Kinder seiner Mätresse, deren Mutter er sterben ließ, vor die Tür eines Findelhauses gelegt, habe die Fürsorge und Nächstenliebe einer Person, die sich der Kinder annehmen wollte, zurückgewiesen. Drei der vier Anschuldigungen treffen nicht zu. Rousseau hat sich weder eine Geschlechtskrankheit zugezogen, und Marie Renou, die Mutter seiner Lebensgefährtin Thérèse Levasseur, starb erst zwei Jahre später, im Oktober 1766, als sich Rousseau in England aufhielt. Und die ausgesetzten Kinder? Rousseau verwahrte sich dagegen, Kinder ausgesetzt zu haben. Doch er hatte sie abgegeben, und nun war dieser Schritt, den er erklärte, rechtfertigte und bereute, öffentlich geworden, wenn auch in der Unterstellung, die Kinder seien ausgesetzt worden.

Wer hatte diese Verleumdung verfasst? Es könne, so schloss Rousseau aus dem Stil, nur Jacob Vernes sein, ein Genfer Autor, der mit Rousseau freundschaftliche Briefe gewechselt hatte, 1763 jedoch aus Opportunismus die «Lettres sur le christianisme de Mr Jean-Jacques Rousseau» veröffentlichte und dafür von Rousseau als *bösartiger Dummkopf* bezeichnet wurde.[214] Doch Vernes war es nicht. Rousseau hat bis zu seinem Lebensende nicht herausfinden können, wer der Verfasser der vermutlich infamsten Verleumdung war, die jemals gegen einen Autor veröffentlicht wurde. Sie hatte vor allem zwei Wirkungen: Zum einen war sie der Anlass für Rousseaus Entschluss, sein Leben nunmehr bis ins Detail öffentlich darzustellen. Zum anderen lieferte sie bis heute den Nährboden für die moralische Entrüstung über Rousseau. Der Verfasser, so wissen wir heute, war Voltaire, der indes von seinem Mitstreiter d'Alembert kein Lob dafür erhielt.[215]

Der Konflikt zwischen Voltaire und Rousseau gründet auch in einer metaphysikkritischen Modernisierung, die Voltaire im Unterschied zu Rousseau vollzog. Rousseau behält die alten Lehren einer grundsätzlich harmonischen Schöpfung bei, fügt ihnen neue Gedanken hinzu und verändert die alten Doktrinen insofern, als er für sie eine Prosa des Herzens schafft, die weder seine aufklärerische und romantische Mit- und Nachwelt noch uns unberührt lässt. Wie aber steht es mit dem schon angeführten Gegensatz zwischen Voltaire'schem Liberalismus und dem volkssouveränen Republikanismus Rousseaus? Zur Beantwortung dieser Frage bietet sich an, auf ein soziales Phänomen einzugehen, das Rousseau als Erster in aller Klarheit beleuchtet hat und dessen Bewertung durch Voltaire schwerer zugänglich ist. Es müsste im Zentrum einer noch ungeschriebenen Kriminalgeschichte der Menschheit stehen: die Praxis und theoretische Begründung dafür, dass Menschen Menschen als Privateigentum betrachten und behandeln, das heißt die Sklaverei.[216] Aristoteles hatte in der Antike den Begriff eines Sklaven von Natur aus gebildet, und im Christentum wurde seit Augustinus Sklaverei als Strafe Gottes in der Kette der Erbsünde verstanden. Auch Martin Luther, fest überzeugt von der gottbestimmten politischen Ungleichheit der Menschen, sah keinen Anlass zur Aufhebung der Sklaverei. Die Aufklärung, so würde man vermuten, hätte allen Grund, sich über jede Rechtfertigung der Sklaverei zu empören. Empört haben sich zunächst aber einzelne Vertreter des Christentums, sowohl Katholiken wie Protestanten. Aufklärer wie Locke, Montesquieu und David Hume sprachen sich mit verschiedenen Begründungen für die Sklaverei aus. Hume hielt die Bevölkerung Schwarzafrikas für minderwertiger als die Weißen und ihre Versklavung für gerechtfertigt. Voltaire schloss sich ihm an.

Erst Rousseau vollzieht hier eine Revolution der Denkweise. Weder ein Recht des Stärkeren noch freiwillige Sklaverei sind als Begriffe überhaupt möglich: *Das Recht auf Sklaverei ist nichtig, nicht nur, weil es illegitim ist, sondern weil es absurd ist und nichts bedeutet. Die Wörter «Sklave» und «Recht» schließen einander aus. Hinsichtlich der Beziehung eines Menschen zu einem Menschen, hinsichtlich der eines Menschen zu einem Volk ist folgende Rede stets gleichermaßen unsinnig: «Ich treffe mit dir eine Abmachung, die ganz zu deinen Lasten geht und ganz auf meinen Gewinn hinausläuft, die ich, ganz wie mir gefällt, einhalten werde und die du einhalten wirst, ganz wie es mir gefällt.»* [217] Sklaverei wird als ein mit dem Wesen des Menschen unvereinbarer Begriff destruiert. Davon hat sich die Berufung auf Sklaverei seither nicht mehr nachhaltig erholt. Die Aufklärer Diderot, Jaucourt und Condorcet folgen Rousseau, und 1793 schafft die Revolution die Sklaverei ab. Napoleon führt sie 1804 wieder ein, und der Napoleon-Verehrer Nietzsche erträumt sich im Zustand uninformierter Polemik gegen Rousseau in der zweiten Hälfte des 19. Jahrhunderts eine Wiedereinführung von Sklaverei als Bedingung einer in seinem Sinn höheren Kultur. [218]

Voltaire und Rousseau haben – leider – keine Kontroverse über die Zulässigkeit von Sklaverei geführt. Hatte Voltaire Rousseaus *Discours sur l'origine de l'inégalité* noch mit einigen gezielten Randbemerkungen versehen, so bezieht sich seine Kritik des *Contrat social* nicht auf zentrale Lehrstücke wie die Destruktion des Sklaverei-Begriffs oder die Bestimmung der *volonté générale*. Voltaire war kein Rassist im heutigen Sinn, er war ein Verfechter unveränderlicher sozialer Ungleichheit. Mit einer Befürwortung der Sklaverei hatte er so wenig Probleme wie mit seinem Eintreten für die Herrschaft der Reichen über die Armen, die in dieser Lage, ausgelastet durch Arbeit, seiner Ansicht nach auch nicht unglücklich waren. Der Gegensatz zwischen Voltaire, dem Anhänger einer liberalistisch organisierten bürgerlichen Gesellschaft, und Rousseau, der eine volkssouveräne Gesellschaft gleicher Staatsbürger entwirft, spitzt sich zu in ihrem gegensätzlichen Verhältnis zur Sklaverei. Rousseau hatte das Spektrum der Möglichkeiten des Menschen historisch-genealogisch über das bisher bekannte Maß hinaus erweitert, Voltaire wollte dies weder verstehen noch akzeptieren. Dieses Unverständnis der «philosophes» hatte Rousseau vorausgesehen und zugleich provoziert: *Jeder aufmerksame Leser wird unmittelbar betroffen sein von dem ungeheuren Zwischenraum, der diese beiden Zustände [Natur und Vergesellschaftung] trennt. Im langsamen Übergang zwischen ihnen wird er die Lösung einer unendlichen Anzahl moralischer und politischer Probleme erkennen, welche die Philosophen nicht zu lösen vermögen. Er wird spüren, dass, weil das Menschengeschlecht eines Zeitalters nicht mehr das Menschengeschlecht eines anderen Zeitalters ist, dies der Grund ist, weshalb Diogenes [von Sinope] keinen Menschen fand, denn er suchte unter seinen Zeitgenossen den Menschen einer Zeit, die es nicht mehr gab.*[219] Was für die Menschen in ihrer langen Geschichte galt, gelte nicht für die Menschen von heute. Die heutigen Personen seien einander gleich und duldeten keinerlei Trennung in Freie und Unfreie. Voltaire weist diese historisch-genealogische Verschiedenheit der Menschen zurück und spricht den Zeitgenossen zugleich die Züge einer unteilbaren und gleichen persönlichen Identität ab, indem er neben den Freien Unfreie zulässt.

Könnte Voltaire von den heutigen Globalisierungsbefürwortern als Theoretiker in Anspruch genommen werden und Rousseau von den Globalisierungsgegnern? Diese Zuordnung erscheint in der Tat legitim. Nun gibt es allerdings keinen mit Sklaverei einhergehenden Kolonialismus mehr, und es wäre absurd, den Globalisierern eine Wiedereinführung der Sklaverei im Rückgriff auf Voltaire, Hume, Montesquieu und Locke zu unterstellen. An die Stelle der Sklaverei ist längst etwas anderes getreten, für das kein fester Name bereitsteht. Es lässt sich umschreiben als Schaffung oder Organisation einer sozialen Abhängigkeit, die den Anschein erzeugt, dass es immer Menschen gibt, die als Verlierer gelten dürfen. In seinem *Discours sur l'origine de l'inégalité* findet Rousseau dafür eine vermutlich auch weiterhin aktuelle Charakterisierung: *Die Staatsbürger lassen sich nicht unterdrücken, außer in dem Maß, wie sie von einem blinden Ehrgeiz getrieben sind und – mehr unter sich als über sich hinaus blickend – ihnen das Beherrschtwerden lieber wird als die Unabhängigkeit, sodass sie einwilligen, Ketten zu tragen, um diese anderen anzulegen.*[220]

Voltaire und Rousseau unterscheiden sich noch in einer weiteren, heute wieder relevanten Hinsicht. Es geht um die Bewertung des Luxus. «Luxus» bezeichnete im Lateinischen sowohl

Üppigkeit als auch Ausschweifung. Für die Feudalaristokratie, die von Voltaire und den Aufklärern des 18. Jahrhunderts abgelehnt wird, gilt eine Beobachtung von Max Weber: Luxus war «Ablehnung zweckrationaler Orientierung des Verbrauchs». Der Besitz von Unnützem galt als Mittel der «Behauptung der Herrenstellung durch Massensuggestion».[221] Die Aufklärer versuchen hier eine Grenze zu ziehen, sie erlauben Üppigkeit und wenden sich gegen Ausschweifung. Gegen exzessiven Luxus spricht sich neben Voltaire insbesondere der Marquis Jean-François de Saint-Lambert in seinem Artikel «Luxe» aus, der 1765 im neunten Band der «Encyclopédie» erschien. Saint-Lambert war der Geliebte jener Sophie d'Houdetot, der mit einem Jahr Verspätung 1758 erfuhr, was sich 1757 in der «Ermitage» ereignet hatte: Rousseaus nur mit Verständnis, aber nicht mit Liebe erwiderte Leidenschaft für Sophie. Zwar bot er 1765 dem verfolgten Rousseau ein Asyl auf seinen lothringischen Besitzungen an, doch Rousseau wollte Saint-Lambert nichts schulden und lehnte ab. Saint-Lambert, der 1803 starb, verfiel dem Irrtum vieler: Aus der Berufung der Jakobiner auf den *Contrat social* schloss er auf den Menschen Rousseau und glaubte sich zu dem Urteil berechtigt, Rousseau sei «der böseste Verrückte und der verrückteste Böse». Die umständlichen Ausführungen Saint-Lamberts in seinem «Encyclopédie»-Artikel, in dem Frankreich als das mit Abstand an Luxus reichste Land der damaligen Zeit beschrieben wird, fasst Voltaire in seinem Stichwort «Luxe» des «Dictionnaire philosophique» (1765) pointiert zusammen: Sofern Luxus nicht Exzess bedeute, so befördere er, wie einst in Athen, die Kultur. 1737 hatte er noch behauptet, der Luxus schaffe Arbeit für die Armen. Dieses Argument fehlt in Voltaires Wörterbuch. Ist darin ein verstecktes Zugeständnis an Rousseau zu erblicken?

1751 sprach sich Charles Borde am nachdrücklichsten für den Luxus als Wirtschaftsfaktor aus. Borde und Rousseau hatten sich 1740 in Lyon kennengelernt und befreundet. Später *wurde er mein glühendster Feind* und *unternahm eine Reise nach London, um mir dort absichtlich zu schaden*.[222] Borde macht sich 1751 zum Sprachrohr der Ansichten Voltaires über den Luxus: Dieser sei zusammen mit dem Handel das Band, das die Nationen verbinde. Im Inneren gelte, dass allein der Luxus Arbeit für die Bevölkerung schaffen und sie ernähren könne. Die Arbeit des Armen werde bezahlt aus dem Überfluss des Reichen. Missbrauch des Luxus finde nur bei einer kleinen Zahl statt.

Wie bei der Sklaverei lässt sich Rousseau auch beim Luxus auf keinerlei Kompromisse ein. In seiner Antwort auf Borde schreibt er 1752: *Man glaubt mich dadurch stark in Verlegenheit zu bringen, indem man fragt, bis zu welchem Grad man den Luxus beschränken solle. Meine Einschätzung ist, dass man überhaupt keinen benötigt. Alles jenseits der natürlichen Notwendigkeit ist Quelle des Übels. Die Natur gibt uns nur zu viel Bedürfnisse, und es bedeutet zumindest eine sehr große Unvorsichtigkeit, sie ohne Not zu vervielfältigen.* Über den Luxus als Wirtschaftsfaktor urteilt er: *Der Luxus mag nützlich sein, um den Armen Brot zu geben. Doch wenn es keinen Luxus gäbe, dann gäbe es auch keine Armen. Der Luxus nährt 1000 Arme in unseren Städten und bewirkt den Tod von 100 000 auf dem Lande.* Der Realist Rousseau fügt hinzu,

«La toilette», 1742 von François Boucher gemalt, zeigt die Üppigkeit des Luxus in Kleidung und Möbeln und die Verbindung zum Gender-Verständnis der Zeit.

85

er schlage *nicht vor, die Menschen darauf zu reduzieren, sich mit dem Notwendigen zu begnügen*. Er wisse, *dass man nicht das chimärische Projekt hegen dürfe, ehrbare Menschen zu bilden*.[223] Voltaires Votum für eine Begrenzung des Luxus mag noch aktuell sein; Rousseaus Mahnung, das Überflüssige zu meiden, weil es unsere Selbstzerstörung vorantreibt, reicht indes angesichts der ökologischen und sozialen Folgen des Hyperkonsums unserer Zeit erheblich weiter.

Zu erwähnen ist noch, dass bei Voltaire Rousseaus Mitleid und seine Unterscheidung einer der Selbsterhaltung dienenden Selbstliebe (amour de soi) von einer in der Gesellschaft entstehenden Eigenliebe (amour-propre) gänzlich fehlen. Für Voltaire bedeutet die Eigenliebe die Selbstliebe.[224]

Der Konflikt zwischen Voltaire und Rousseau lässt sich auf verschiedene Arten erzählen und auf keine einzige reduzieren. Er ist an keiner Stelle gänzlich privat – und das war für die Autoren riskant, denn auch in der Zeit der Aufklärung stand man im Ancien Régime beständig in Gefahr, wegen Hochverrats verhaftet und verurteilt zu werden. Rousseau nahm dabei eher die egalitären und volkssouveränen Tendenzen der Revolution von 1789 vorweg, während Voltaire nicht die Revolution, sondern die Selbstentfaltung des Marktes befürwortete. Lange Zeit schien es, dass Rousseau daher der Vergangenheit und Voltaire der Gegenwart und Zukunft angehöre. Inzwischen hat sich das Blatt

Stand Voltaire für Privateigentum, für eine Orientierung am Liberalismus Englands, für eine inhomogene Gesellschaft, allerdings mit Gleichberechtigung der Geschlechter, für eine Monarchie im Sinne Englands, für Geschichte und Desinteresse an Vorgeschichte, so setzt Rousseau dem entgegen: kollektives Eigentum und individueller Besitz, Volkssouveränität statt englischer Scheinfreiheit, eine homogene Gesellschaft, allerdings mit einer Herrschaft der Männer über die Frauen, eine Republik und schließlich einen kritischen Rückgang in unsere eigene Vorgeschichte.

gewendet. Voltaires Urteile werden mit dem Fortschreiten globalisierter Armut fragwürdig, während gleichzeitig Rousseaus Kulturkritik und seine Forderung nach einer Vereinigung von Staatsbürger und Mensch mehr und mehr Aktualität gewinnen.

Trotz der scheinbar privaten Konflikte und trotz aller konzeptuellen Gegensätze stimmen beide in einer Hinsicht überein: nämlich in ihrem Votum für die Abschaffung der Offenbarungsreligionen und ihre Ersetzung durch eine natürliche Religion. Doch so einfach, wie man sich in dieser Frage das Verhältnis der beiden zurechtlegt, ist es in Wirklichkeit nicht. Es trifft zwar zu, dass beide für eine natürliche Religion und für die Entthronung der Offenbarungsreligionen eintreten, doch dies ist unspezifisch, weil das Plädoyer für eine natürliche Religion den kleinsten gemeinsamen Nenner aller Aufklärer darstellt. Die Frage, die eigentlich zu stellen wäre, ist die nach der Art der natürlichen Religion, die die Offenbarungsreligionen ersetzen soll.

Im Dogma der «ursprünglichen Sünde» («peccatum originale», im Deutschen «Erbsünde»), das sich, wie Voltaire und Rousseau empört bemerken, in der Bibel nicht findet und seit Augustinus als eigene Schuld der ersten Menschen mit dem pflanzlichen Bild der «beschädigten Wurzel» («Über den Gottesstaat», 13.14) eingeführt ist, werden Biologie und Moraltheologie verbunden: Da nur Menschen Menschen zeugen, würden, falls es sie gibt, auch «sündige Eigenschaften» vererbt werden. Diese Vorstellung wurde von den Protestanten und später in der Philosophie von Malebranche, Leibniz, Kant, Hegel, Schopenhauer und Kierkegaard unterstützt. Im Katholizismus dagegen gab es zwei Gegenströmungen, einmal die Lehre von Lelio und Fausto Sozzini, die Ende des 16. Jahrhunderts für eine rein vernünftige Religion eintraten («Socianismus»), zum anderen wurde von jesuitischer Seite bemerkt, dass wir Menschen von Natur aus keineswegs befleckt seien. Voltaire bekräftigt im Artikel «Pêché originel» seines «Dictionnaire philosophique» die Sozinianer und zittert bei der bloßen Wiedergabe des Erbsündedogmas als eines Gipfels des Aberglaubens. Viel weiter geht indes Rousseau. Er schreibt an Christophe de Beaumont, den Erzbischof von Paris, der den *Émile* verboten hatte: *Wir sind, sagen Sie, Sünder wegen der Sünde unseres ersten Vaters; doch unser erster Vater, weshalb war er selbst Sünder? [...] weshalb müssen wir Gott ein Unrecht unterstellen, indem wir uns zu Sündern und strafwürdig machen durch das Übel unserer Geburt, während unser erster Vater Sünder war und ohnedies bestraft wurde? Die Erbsünde erklärt alles außer ihrem Prinzip, und es ist dieses Prinzip, das es zu erklären gilt.*[225] Gern wird übersehen, dass Rousseau mit dieser Aufdeckung einer Absurdität genauer war als alle anderen

Kritiker der Erbsünde: Adam wurde nicht für eine ererbte Sünde bestraft. Wofür also werden wir bestraft, wenn wir für seine Sünde in Gestalt einer Erbsünde bestraft werden?

Der Erzbischof von Paris hatte in einer damals üblichen Weise folgende Pseudo-Argumentation vorgebracht: «Die Offenbarung entdeckt uns den bedauernswerten Fall unseres ersten Vaters!» Rousseau jedoch halte den natürlichen Menschen für nicht sündig. Die von ihm favorisierte natürliche Religion führe «selbst zur geoffenbarten Religion»: «Die von Jesus Christus eingerichtete Kirche ist eine unfehlbare Kirche.» Aus diesen Anmaßungen ließ sich nicht folgern, was jedoch gefolgert wurde und worum es der Kirche eigentlich ging: «Wir verdammen» den *Émile*, weil er «dazu geeignet ist, das Naturgesetz und die Grundlagen der christlichen Religion zu zerstören» und «die Untertanen zur Revolte gegen ihren Herrscher anzustacheln».[226]

Anders verhält es sich mit der Theodizee. Wie dargestellt, will Rousseau sie bestätigen, während Voltaire sie verwirft. Doch beide befinden sich bei dieser Frage außerhalb der christlichen Doktrinen. Man darf sogar in diesem Zusammenhang noch weitergehen und bemerken: Die Aufklärer entdecken, dass es gar keine begrifflich formulierten Inhalte des Christentums gab, die man diskutieren konnte, wenn man nicht Teilnehmer des Christentums war. Das Christentum schien mit seinen Mysterien und den auf sie gegründeten Institutionen zusammenzufallen und zusammen mit ihnen unterzugehen. Es hatte ein über himmlische Autorität verfügendes Priestertum (eine im Vergleich der Religionen singuläre Anmaßung) und Hierarchien von Priestern geschaffen, politische Entscheidungen gefällt oder maßgeblich beeinflusst, Kirchen gebaut, die Künste befruchtet und beeinflusst. Trotzdem fehlten seltsamerweise Begriffe, die außerhalb des Christentums für die Kultur und die Kulturentwicklung einen Sinn ergaben.

In der Forschung wird häufig behauptet, Rousseau setze in verschiedener Hinsicht die christliche Philosophie von Malebranche fort. Malebranche verwendete als Erster die Formulierung «volonté générale» und unterschied wie Rousseau zwischen Selbst- und Eigenliebe. Doch die Frage müsste lauten, ob Rousseau auch Teile oder wesentliche Züge der metaphysischen Architektur von Malebranche übernimmt. Die Antwort ist eindeutig negativ. Im

Unterschied zu Voltaire, der die Malebranche-Konzeption noch ausdrücklich erwähnt und als bloßen «Traum» verwirft, kommt Rousseau an keiner Stelle auf sie zu sprechen. Interessant ist in diesem Kontext zweierlei: Zum einen halten beide es nicht für nötig, zu prüfen, ob Malebranche nicht doch eine genuin christliche Philosophie gelungen sei. Zum anderen gibt es Argumente dafür, dass Rousseaus politische Philosophie die gesamte Architektur von Malebranche abräumt und durch eine nichtmetaphysische Konzeption ersetzt. Dass auch Malebranche keine christliche Philosophie gelang, wird leicht daraus ersichtlich, dass seine Metaphysik auf der Voraussetzung beruht, all unsere Erkenntnis sei das Sehen der Gottheit als unendliche Ausdehnung, der wir Beschränkungen hinzufügen, die uns als Gegenstände erscheinen. Wenn er eine Ethik konzipiert, in der wir der Erbsünde unterliegen und zugleich einer Erlösung (durch Christus) bedürfen, so ist diese Erlösungsbedürftigkeit ein fremdes Element, da wir doch bereits hier und jetzt einen ungetrübt erkennenden Zugang zur Gottheit haben. Wie Rousseau die seltsame metaphysische Architektur von Malebranche ablöst, wird verständlich, wenn zwei Bedingungen formuliert werden. Zum einen müsste der Naturalismus der Erbsünde, wonach ein moralisches Attribut des Menschen biologisch vererbt wird, durch eine Historie der Menschheit ersetzt werden. Diese Bedingung erfüllt Rousseaus *Genealogie* des sozialen Übels, die auf das Argument der Erbsünde völlig verzichten kann. Zum anderen müsste die theologische Erlösungsrhetorik ersetzt werden durch eine Verbindung anthropologischer Annahmen mit normativen Bestimmungen. Dies erreicht Rousseau durch seine Annahmen der *Perfektibilität*, der Erziehung, und der *volonté générale*, des politischen Vertrags von jedermann mit sich selbst.

Dass Rousseau, wie Voltaire, keine Metaphysik entwirft und Metaphysik misstraut, schließt übrigens nicht aus, dass Rousseau

Rousseau räumt die gesamte theologisch-metaphysische Architektur von Nicolas de Malebranche ab, der einerseits eine Erkenntnisbegründung durch die Schau eines unendlich ausgedehnten Gottes vertreten hatte und der andererseits behauptete, wir hätten von dem ersten Menschen die Sünde geerbt und bedürften der Erlösung. Rousseau ersetzt Erbsünde und Erlösung durch eine Genealogie der menschlichen Geschichte sowie durch die menschliche Fähigkeit, sich selbst zu vervollkommnen.

Platon, dem Begründer der Metaphysik, in Bezug auf dessen gesellschaftstheoretische Annahmen interessiert gegenübersteht. Voltaire jedoch spricht von Platons Schriften als einem «schönen Unsinn»[227].

Die Aufklärer glaubten das Christentum mit seinen beanspruchten Mysterien und seiner Mysterienpraxis hinreichend verneinen zu können und verneint zu haben. Dazu dienten ihnen ein nachweislicher Absurditäts- und Verbrechenszusammenhang, wie er aus Voltaires «Sermon des cinquante» oder aus d'Holbachs «Le christianisme dévoilé» hervorging. Aber auch ein Libertin-Roman wie jenes bis heute keinem Autor sicher zuzuschreibende Werk «Thérèse philosophe» unterstützte die Argumentation. Da Frauen Opfer einer ebenso versteckten wie heftigen sexuellen Verführung durch den Klerus seien, fordert eine Frau als (fiktive) Autorin des Romans, das Christentum durch die natürliche Religion zu ersetzen, welche der Klerus de facto bereits praktiziere.[228]

Das von der Aufklärung entdeckte Fehlen von Begriffen im Christentum, die für die Kulturentwicklung Sinn ergaben, auch wenn man sich nicht zum Christentum bekannte, hatte zwei Folgen: Zum einen eröffnete sich die Möglichkeit, eine natürliche Religion so zu konzipieren, dass sie an die Stelle der Offenbarungsreligion treten kann. Dies versuchten Rousseau mit seiner Zivilreligion und später die Jakobiner mit der Religion der Vernunft und des Höchsten Wesens. Zum anderen bemühten sich in Deutschland Immanuel Kant und seine idealistischen Nachfolger um Konzeptionen einer Vernunftreligion, die zugleich christlichen Inhalten begriffliche Gestalt geben sollte. 1780 belegte der Rousseau-Anhänger Gotthold Ephraim Lessing, dass in Deutschland Rousseaus Erledigung des Offenbarungsthemas noch nicht nachvollzogen war. Für Lessing sollte einerseits gelten, dass die Offenbarung nichts enthalte, «worauf die menschliche Vernunft, sich selbst überlassen, nicht auch kommen würde»; andererseits kenne die Religion Begriffe, «auf welche die menschliche Vernunft von sich selbst nimmermehr gekommen wäre».[229] Die deutschen Philosophen konzipierten in Anlehnung an die Offenbarung nicht nur Liebe und Schöpfung (so Hegel und Schelling), sondern als Versuch einer korrigierenden Weiterführung Rousseaus vor allem eine Theorie des Bösen (so Kant 1793 in «Die Religion in den Grenzen der bloßen Vernunft») und der wechselseitigen Anerkennung (so nach der Vorgabe Fichtes vor allem Hegel) von Personen. Die weitere Geschichte des Christentums ist bekannt: Die Vorschläge der deutschen Idealisten werden bei Kierkegaard mit einer Durchdringung von Orthodoxie und Paradoxie beantwortet, während Nietzsche wiederum auf den Antiklerikalismus der Aufklärung zurückgreift und die Konfessionen das Überleben in der Säkularisierung in der Hoffnung proben, die Säkularisierung zu überleben. All dies wurde von Rousseau mit seiner Kritik an der intrinsisch mit dem Christentum verbundenen Nichttoleranz in gewisser Weise vorweggenommen und sollte aus seiner Sicht durch eine post-christliche Zivilreligion unschädlich gemacht werden.

Die Übereinstimmung Voltaires und Rousseaus in der Frage einer natürlichen Religion hat bisher den Blick für die Spannung zwischen Vernunft und Offenbarung eher verhindert. Sie hat auch verdeckt, dass Rousseau viel weiter ging als Voltaire, indem er selbst jenen in seiner Antwort auf Voltaires Erdbeben-Gedicht geforderten *moralischen Kodex* verfasste, nämlich seine Zivilreligion am Schluss seines *Contrat social*. Um dieses umstrittene Lehrstück Rousseaus zu würdigen, sollte man bei einer Bemerkung des Vikars aus dem gleichzeitig mit dem *Contrat social* 1762 erschienenen Erziehungstext *Émile* ansetzen: *Hat Gott unseren Augen, unserem Gewissen und Bewusstsein, unserer Urteilskraft alles gesagt? Was werden uns die Menschen noch darüber hinaus sagen? Ihre Offenbarungen lassen Gott nur niedriger erscheinen, geben ihm menschliche Leidenschaften. Weit entfernt davon, die Begriffe des großen Seins zu erhellen, sehe ich, dass die partikularen Dogmen sie durcheinanderbringen, dass sie, anstatt diese Begriffe zu veredeln, sie verschlechtern, dass sie zu den unfassbaren Mysterien, die das große Sein umgeben, sinnlose Widersprüche hinzufügen, dass sie den Menschen stolz, intolerant und grausam machen, dass sie, anstatt den Frieden auf Erden einzuführen, Eisen und Feuer dorthin bringen. Ich frage mich, wozu das alles dient, und weiß keine Antwort. Ich sehe dort nur die Verbrechen der Menschen und das Elend der Menschengattung.*[230] Die Offenbarungsreligionen, heißt das, bringen die natürlichen Bezüge der Menschen zur Gottheit durcheinander, fügen Lehrsätze hinzu, die einander widersprechen, ersetzen die Duldsamkeit des Menschen durch gewalttätige Intoleranz und vergrößern das Elend der Menschengattung, statt den angekündigten Frieden zu bringen. Die Verfolgung des Verfassers dieser Sätze und die Verbrennung seiner Bücher nach deren Publikation erscheinen als unmittelbare Bestätigung dieser kritischen Äußerung. Doch was könnte an die Stelle der Offenbarungsreligion treten?

In seiner Antwort auf Voltaires Erdbeben-Gedicht hieß es, von den zu *verbietenden Dogmen ist die Intoleranz zweifelsfrei die hassenswerteste; doch muss man sie an ihrer Quelle erreichen, denn die leidenschaftlichsten Fanatiker ändern je nach den Umständen ihre Sprache und predigen nichts als Geduld und Sanftmut, solange sie nicht die Stärksten sind. Daher bezeichne ich als intolerant aus Prinzip jeden Menschen, der sich vorstellt, man könne kein echter Mensch sein, ohne zu glauben, was er glaubt, und der alle gnadenlos verdammt, die nicht denken wie er.*[231] Dieser Ansicht ist Rousseau treu geblieben, die Duldungspflicht gilt ihm stets als ein Primärgut post-christlicher Ethik.[232]

Der neue Gedanke Rousseaus im Hinblick auf eine nachchristliche Religion reicht indes weiter als alles, was die Aufklärer, was selbst die Jakobiner mit ihrem Kultus eines vernünftigen und gerechten «Höchsten Wesens», was Kant und die deutschen Idealisten und was überhaupt seither unternommen wurde, um Modernität und Religion zu verbinden. Sein neuer Gedanke schließt die neue Religion nicht an etwas an, was sehr allgemein und insofern konsensfähig sein mag wie «die Vernunft», sondern Rousseau verschafft ihr Verbindlichkeit, indem die Verbindlichkeit von etwas anderem ungeteilt auf sie übergeht. Was aber ist dieses Verbindliche? Es ist die politische Souveränität, verstanden als *wechselseitige Verpflichtung der Öffentlichkeit gegenüber ihren Mitgliedern*, oder der Vorgang, in welchem *jedes Individuum sozusagen mit sich selber einen Vertrag schließt*, wodurch ein Volk erst ein Volk, das heißt selbstverantwortlich für seine Entscheidungen, wird.[233] Die vormals den Fürsten vorbehaltene Souveränität wird damit zur Volkssouveränität. Wenn dahinter, so Rousseau, nicht mehr zurückgegangen werden kann, ohne zurückzufallen in monarchisch und kirchlich begründete Souveränität (wie es später Autoren der Gegenrevolution wie Joseph de Maistre, Louis de Bonald, Donoso Cortés vormachten), so müsste die Verbindlichkeit einer post-christlichen Religion in dieser politischen Verbindlichkeit beruhen. Damit wird aus einer natürlichen eine politische, aus einer «religion naturelle» eine «religion civile». Auf diese Weise erfüllt die Zivilreligion eine häufig unterschätzte Forderung: Sie gilt für alle Menschen und Bürger gleichermaßen. Religion hört auf, von einer Elite als Herrschaftsmittel verwaltet zu werden. 1856 hat der französische Philosoph Jules Simon in seiner Schrift «La religion naturelle» diesen antielitären Zug der natürlichen Religion deutlich hervorgehoben. Er entspricht im Übrigen der von Rousseau und der späteren Revolution vollzogenen Entdeckung, dass die antiken Staatskonzepte unter der Inkonsequenz litten, einerseits ein Wahrheitsstreben aller Menschen zu behaupten, andererseits jedoch nur sehr wenigen die politische Ausübung dieses Strebens erlaubten.[234]

Die Zivilreligion Rousseaus geht einher mit dem später in modernen Demokratien verankerten Prinzip vollständiger Religionsfreiheit, sofern aus einer Religion nichts folgt, was dem Allgemeinwillen und den Gesetzen zuwiderläuft. Jeder *kann so viele Ansichten haben, wie ihm gefällt, ohne dass es dabei dem Souverän zukommt, sie zu kennen*[235]. Rousseau entwickelt die gesamte Zivilreligion in genau drei Sätzen: *Die Dogmen der Zivilreligion müssen einfach sein, von geringer Zahl, präzise benannt, ohne Erklärungen und Kommentare. Die Existenz der mächtigen, intelligenten, wohltätigen, voraussehenden und fürsorgenden Gottheit, das künftige Leben, das Glück der Gerechten, die Bestrafung der Bösen, die Heiligkeit des Sozialvertrags und der Gesetze: Das sind die positiven Dogmen. Was die negativen Dogmen betrifft, so beschränken sie sich auf ein einziges, das ist die Intoleranz: Sie bleibt bei den Kultformen, die wir ausgeschlossen haben.*[236] Obwohl Rousseau hier, ohne dies zu vermerken, auf einen allmächtigen zugunsten eines nur noch mächtigen Gottes Verzicht leistet (wie schon zuvor Voltaire) und obwohl in keinem anderen Land einschließlich der Philosophie in Deutschland ein Vorschlag für eine post-christliche verbindliche Religion entwickelt wurde, wird Rousseaus Vorschlag einer Zivilreligion Opfer einer nicht auf ihn beschränkten Problematik. Denn keine politische Ordnung vermag sich zu umfassen. Dies hatte Rousseau als Erster insofern entdeckt, als er einen Allgemeinwillen annimmt, der jeder staatlichen Verfassung vorausgeht. Eine staatliche Ordnung, die sich selbst umfasst, müsste sich jedoch auch gegen Änderungen des Allgemeinwillens abschließen und würde damit ihre Legitimation verlieren. Nun war Rousseau zugleich der Ansicht, der Staat könne tatsächlich eine ihn übersteigende Ordnung erschaffen. Diejenigen, die die Zivilreligion nicht akzeptieren, sollen ausgewiesen werden, und diejenigen, die sie nur zum Schein glauben, sollen für ihre Lügen vor den Gesetzen mit dem Tod bestraft werden. Damit verletzt er selbst das Toleranzgebot.

Seltsamerweise diskutiert Rousseau nicht mögliche Gründe der Ablehnung der Zivilreligion. Hätte er es getan, so wäre er vielleicht darauf gestoßen, dass sie nicht zuletzt darin liegen könnten, dass auch sein Staat der Volkssouveränität keine Möglichkeit besitzt, sich durch Dogmen der Zivilreligion selbst zu umfassen, das heißt sich für alle Zeiten eine Garantie der eigenen Stabilität zu verschaffen.[237]

Ein versteckter Zusammenhang scheint zwischen der seit Ende des 16. Jahrhunderts in Europa verbreiteten Kunde von der Existenz atheistischer Naturvölker, die zugleich an eine Unsterblichkeit der Seele und deren Bestrafung oder Belohnung glaubten, und Rousseau zu existieren. Die Kunde verdanken wir der 1578 publizierten Reisebeschreibung Brasiliens des Kalvinisten Jean de Léry, in der es heißt, die dortigen Einwohner «bekennen sich weder zu irgendwelchen irdischen oder himmlischen Göttern, noch beten sie solche an [...] sie beten nicht und für nichts in religiöser Weise, weder öffentlich noch privat»[238]. Bereits Montaigne hatte in seinen «Essais» Léry verarbeitet. In Europa verbreitete sich mehr und mehr die Einsicht, dass Ciceros Satz, alle Menschen verehren Götter oder wissen, dass sie es tun sollen, durch die Existenz eines paganen Atheismus seine bisherige Allgemeingültigkeit verloren hatte und dass der Glaube an Unsterblichkeit, Lohn und Strafe im Jenseits ohne Gott und Götter möglich ist. Betrachtet man Voltaires und Rousseaus Beschneidungen der göttlichen Allmacht und ihre nachdrückliche Auffassung, nach unserem Leben müsse es Strafe und Belohnung geben, so fällt auf, dass insbesondere Rousseaus Zivilreligion mehr mit einem heidnischen Atheismus als mit dem Christentum zu tun hat.

Auch im Hinblick auf den Atheismus unterscheiden sich Voltaire und Rousseau mehr als gewöhnlich angenommen. Voltaire gesteht, Pierre Bayle folgend, zu, dass Atheisten moralisch integre

Individuen zu sein vermögen. Doch in der Politik führe Atheismus «zu allen Arten von Verbrechen». Voltaire argumentiert hier ähnlich wie bereits die antike Sophistik: Die Gesetze richten gegen geheime Verbrechen nichts aus, «es bedarf einer rächenden Gottheit, die in dieser oder in einer anderen Welt die Bösen bestraft, die der menschlichen Gerechtigkeit entkamen».[239]

Rousseau folgt ebenfalls Bayle, ist aber behutsamer: Der Atheismus sei nicht blutrünstig, doch er impliziere *Egoismus* und *eine Indifferenz gegenüber dem Guten*. Auf das Argument des Atheisten d'Holbach, dass eine religiöse Moral unbeständig und auf abergläubisch-opportunistische Interpretationen der Gottheit angewiesen bleibe, während atheistische Moral beständig sei, gehen weder Voltaire noch Rousseau ein. Anders als Voltaire verdanken wir jedoch Rousseau eine Art Phänomenologie des Atheismus. Zum einen unterscheidet er Menschen, die Gott zu kennen *nicht nötig haben* (die vorzivilisatorischen Menschen und die Kinder) oder die ihn *nicht kennen wollen* (die «philosophes»), zum anderen schildert er uns in seinem Roman *Julie, ou la Nouvelle Héloïse* einen klugen und moralisch integren Mann, der Atheist ist: Wolmar, der Gatte Julies, den ihr Vater für sie bestimmte. Jean Starobinski und Marcel Raymond haben auf die Paradoxie hingewiesen, dass das von Rousseau entdeckte reine, selbstgenügsame Existenzgefühl sich nicht unterscheidet von dem schöpferischen Selbstgefühl des atheistischen Familienvaters Wolmar. Wolmar *ist glücklich wie Gott selbst, ohne mehr zu wünschen als das, was er genießt*[240]. Und Rousseau schreibt in seiner fünften *Rêverie*: *Was genießt man in einer solchen Situation? Nichts Äußeres, nichts außer seiner eigenen Existenz. So lange, wie dieser Zustand dauert, genügt man sich selbst wie Gott.*[241]

> Voltaire hielt den Atheismus für politisch kriminell, weil er ohne strafende Gottheit auskommt. Rousseau dagegen war der Ansicht, dass Atheisten sich nicht für das Gemeinwohl interessieren. Zugleich hat er in der Gestalt des Atheisten Wolmar in «Julie, ou la Nouvelle Héloïse» ein keineswegs unsympathisches Porträt eines klugen und moralisch integren Mannes gezeichnet.

Auch ist Rousseau frei von Anti-Judaismus, dem Aufklärer wie Voltaire und d'Holbach nicht entgangen sind. Hatte Blaise Pascal im 17. Jahrhundert noch das Judentum für seine Ablehnung von Jesus scharf kritisiert, so werden die Juden von den Aufklärern zurückgewiesen, weil sie eine anti-universalistische Religion verträten, die ausschließlich auf das Wohl Israels fixiert sei. Diese Argumentation wird im 19. Jahrhundert von Ludwig Feuerbach und Nietzsches werttheoretischem Anti-Judaismus fortgesetzt. Voltaire stellt die europäischen Juden seiner Zeit als «unwissendes und barbarisches Volk» dar, ausgestattet mit «dem unbesiegbarsten Hass gegen die Völker, die sie dulden und sie bereichern. Gleichwohl muss man sie nicht verbrennen.» Rousseau erkennt demgegenüber die den Juden aufgezwungene Opferrolle: *Die Tyrannei, die man ihnen gegenüber ausübt, macht sie furchtsam.*[242]

Kein kritischer Vergleich zwischen Rousseau und Voltaire darf einen Aspekt außer Acht lassen, dessen Folgen ebenfalls bis in unsere Zeit reichen. Es geht um das Für und Wider zur Todesstrafe. 1764, somit zwei Jahre nach Rousseaus *Contrat social*, publizierte der italienische Graf Cesare Beccaria sein «Über die Verbrechen und die Strafen», indem er grundsätzlich zwischen «Sünde» und «Verbrechen» unterschied. Schon vorher hatte sich Montaigne 1580 mit dem Argument gegen die Todesstrafe ausgesprochen, dass sie bisher kein Gemeinwesen verbessert habe, und für ihre Abschaffung votiert. Der gesellschaftliche Nutzen verlange, so Beccaria, dass Delinquenten durch erzwungene Arbeit zum Wohl aller beitragen. Als das Buch 1766 in Frankreich erschienen war, wurde Beccaria enthusiastisch in Paris empfangen. Zu seinen Befürwortern gehörten d'Alembert, Diderot, Helvétius, Georges-Louis Buffon, d'Holbach und nicht zuletzt Voltaire, dessen Kommentar noch 1766 erschien. Im 10. Abschnitt schreibt Voltaire, ein Gehängter sei zu nichts nütze und die Strafen einer Gesellschaft müssten dieser nützen. Zur Arbeit gezwungene Menschen, so Voltaire, würden ehrliche Leute.

In Rousseaus *Contrat social* (II.V) dagegen wird dem Staat das Recht zur Tötung derjenigen Verbrecher zugestanden, die – wie im Fall der heimlichen Verneinung der Zivilreligion – den Gesellschaftsvertrag brechen. Sie stellten sich damit außerhalb der Gesellschaft, und gegen sie bestehe das Kriegsrecht. Damit, so hält man Rousseau mit Recht

*Voltaire befürwortet: Sklaverei, Luxus, Privateigentum, soziale Ungleichheit. Aus der Sicht Rousseaus wird dadurch die Krise verstärkt. Doch Voltaire spricht sich gegen etwas aus, was Rousseau als Ultima Ratio der Volkssouveränität befürwortet: die Todesstrafe.*

vor, widerspricht er seiner eigenen Definition des Krieges, die ausschließlich eine Beziehung zwischen Staaten darstelle (I.IV). Rousseau geht über jenen Genfer Jean-Jacques Burlamaqui hinaus, der 1751 das Verbrechen noch mit dem theologischen Begriff der «Sünde» kontaminiert hatte. Gleichzeitig hält Rousseau an der aus dem römischen Recht stammenden sozialen Nützlichkeitsvorstellung fest, die in der Todesstrafe liege.

Hier öffnet sich ein Abgrund zwischen Rousseau und den anderen Aufklärern. Zu Rousseaus Gunsten muss allerdings bemerkt werden, dass zur Zeit des *Contrat social* Beccarias Schrift noch nicht vorlag und dass er die Todesstrafe als gleichwertige Alternative zur Ausweisung vorschlug. Eine genaue Lektüre zeigt zudem, dass er sich Beccaria faktisch nähert: *Es gibt keinen Bösartigen, den man nicht zu etwas Gutem zurückführen könnte. Man hat nur dann das Recht, jemanden zu töten, selbst zum Exempel, wenn man ihn nicht ohne Gefahr am Leben erhalten kann.*[243] Rousseau verbindet bei der Todesstrafe gleichsam Beccaria mit dem Todesstrafenrecht des Staates und verfällt damit einem markanten Widerspruch in seiner Rechtskonzeption des Staates. Kant ist auch in seiner Befürwortung, bestimmte Verbrechen mit dem Tod zu bestrafen, ein Nachfolger Rousseaus gewesen. Er ging allerdings viel weiter als dieser und hielt Beccaria Rechtsverdrehung vor. Zudem genießt er das Glück, dass sein fast enthusiastisches Votum für die Todesstrafe in Vergessenheit geraten ist und seine Ethik als der bedeutendste Meilenstein bei der Begründung der Gesetzgebung durch den Menschen selbst gilt, während Rousseaus Staatsmodell insbesondere wegen seines moderaten Eintretens für die Todesstrafe immer noch in der Kritik steht.

Der kritischen Konfrontation von Rousseau mit Voltaire fügt Rousseaus Votum für die Todesstrafe eine Paradoxie hinzu. Voltaire will die Sklaverei beibehalten, will den Luxus, das Privateigentum, will eine hierarchisch ungleiche bourgeoise Gesellschaft zukunftsbestimmend sein lassen. All dies würde aus der Sicht Rousseaus lediglich die Kulturkrise verstärken. Doch Voltaire ist gegen die Todesstrafe, während Rousseau diese befürwortet, ohne zu bedenken, dass die Krise damit nicht gemildert wird.

## Ein Roman
## der wechselseitigen Liebe

Im Januar 1759, als Voltaires «Candide» erschien, musste Rousseau erkennen, dass der schwärmerischste Liebesversuch seines Lebens gescheitert war. Doch dafür war sein einziger Roman, *Julie, ou la Nouvelle Héloïse*, bereits ausgereift, der im Dezember 1760 zuerst in London in den Buchhandlungen lag. Den Roman hatte Rousseau schon vor seiner Leidenschaft für jene Élisabeth-Sophie Françoise Lalive de Bellegarde, Comtesse d'Houdetot – kurz: Sophie d'Houdetot (1730–1813), verheiratet mit dem Comte d'Houdetot, Mutter von drei Kindern und seit Jahren liiert mit Saint-Lambert –, konzipiert und in Teilen verfasst. Biographische Erklärungen des Romans greifen daher hier wie auch sonst gern zu kurz. Als Saint-Lambert aus dem Siebenjährigen Krieg zurückkehrt, wird an eine Ménage à trois gedacht. Das Leben folgt hier beinahe dem Roman.[244] Rousseaus Leidenschaft für Sophie d'Houdetot blieb jedoch unerfüllt, er respektierte ihre Bindung an Saint-Lambert, und sie hielt an Saint-Lambert fest. Im Oktober 1757 schreibt er ihr, das «Du» und das «Sie» ausbalancierend: *Wie oft hast du mir in dem Wald mit dem Wasserfall gesagt: «Sie sind der zärtlichste Liebhaber, den ich mir vorstellen kann: Nein, niemals liebte jemand wie Sie.»*[245] In Buch IX der *Confessions* heißt es dazu: *Ich verstummte und seufzte; ich umarmte sie: Welche Umarmung! Doch das war alles.*[246] Rousseau verzichtete auf die Geliebte, zudem wurde er Opfer hässlicher Intrigen, inspiriert von Madame d'Épinay, der Cousine von Sophie d'Houdetot. *Sprechen wir nicht mehr von Madame d'Épinay*, schreibt Rousseau an seine Comtesse am 17. Dezember 1757, zwei Tage nach seinem Auszug aus der «Ermitage», die ihm Madame d'Épinay zur Verfügung gestellt hatte.[247] Im Roman dagegen vereinigen sich die Liebenden Saint-Preux und Julie, die schwanger wird, bevor sie sich von ihrem Vater zu einer unglücklichen Heirat zwingen lässt. Die Intrigen aus Rousseaus Leben fehlen im Roman völlig: *Keine böse Tat; kein Bösewicht, der fürchten lässt für die Guten.*[248]

Die Comtesse Sophie d'Houdetot, Rousseaus große Leidenschaft. Sie sei «ebenso zuverlässig in der Freundschaft wie zart in der Liebe», urteilte Madame d'Épinay über sie.

Die Handlung, auf fast 800 Seiten in Briefform sich entwickelnd – Rousseau setzt hier zugleich die französische Klassik des 17. Jahrhunderts (Gabriel Guillargues, Madame de Lafayette[249]) und Samuel Richardson im England des 18. Jahrhunderts fort, bevor Goethe später in seinem «Werther» auf Rousseau zurückgreifen wird –, lässt sich leicht zusammenfassen: Julie d'Etanges verliebt sich in ihren nichtadligen Hauslehrer Saint-Preux wie einst im Mittelalter Heloïse in ihren Lehrer Abälard. Ihr Vater jedoch hat sie Herrn de Wolmar versprochen, der ihm einst das Leben rettete. Julie rät Saint-Preux auf Vorschlag ihrer Freundin Claire d'Orbe zu einer Reise nach Paris. Sie fügt sich schließlich dem väterlichen Wunsch und glaubt, in der Beziehung zu Wolmar ihre Leidenschaft für Saint-Preux zu vergessen. Saint-Preux unternimmt eine Weltreise und kommt nach Clarens am Genfer See zurück, wo Wolmar und Julie eine glückliche, an Gleichheit orientierte Hausgemeinschaft führen. Die alten Gefühle leidenschaftlicher Zuneigung flammen in beiden wieder auf. Julie stirbt an den Folgen einer Unterkühlung bei der Rettung eines ihrer Kinder aus dem See. In ihrem letzten Brief an Saint-Preux dankt sie dem Himmel, dass er sie und ihre Tugendhaftigkeit durch ihren Tod vor den Gefahren wiederkehrender Liebesgefühle rettet.

Rousseau hat damit einen Roman des Lebensflusses («roman-fleuve») erfunden.[250] Denis de Rougemont versteht den Roman 1939 als Francesco Petrarcas «Canzoniere» in Prosa gefasst und als Antithese zum neuzeitlichen sexistischen Mythos des Don Juan.[251] Doch im Unterschied zu Petrarca, dessen Laura niemals antwortet, bietet Rousseau eine völlige Wechselseitigkeit der Liebenden. Rousseau kannte den antiken Roman «Daphnis und Chloe» von Longos, der die Geschichte einer wechselseitigen und glücklich endenden Liebesbeziehung bis heute anrührend darstellt. Er komponierte auf das Libretto «Daphnis et Chloé» von Guillaume-Olivier de Corancez zwischen 1774 und 1776 die Musik des ersten Aktes.[252] In der neueren französischen Literaturgeschichte wird betont, *Nouvelle Héloïse* sei der erste französischsprachige Roman, in dem sich die Personen im Verlauf der Zeit ändern und in dem sie trotz aller Kaskaden der Selbstaussprache und wechselseitigen Spiegelungen ihre Geheimnisse für sich bewahren, die der Leser nicht zu entschlüsseln vermag.[253]

Jeder Kenner der Sittengeschichte Frankreichs im 18. Jahrhundert und der Romanliteratur dieser Zeit weiß, dass der tugendhafte Verzicht auf Liebe und Leidenschaft in diesem Roman keine Abtötung darstellt. Die Berufung auf Tugend spielt von Anfang an bei der sich entwickelnden Beziehung zwischen Julie und Saint-Preux dabei eine Rolle. Im Unterschied zu Manon Lescaut aus Abbé Antoine- François Prévosts gleichnamigem Roman von 1731 – Rousseau kannte den Autor persönlich, vielleicht auch seinen berühmten Roman – ist Julie nicht wie Manon ein faszinierendes Beispiel für Untreue, sondern für Schönheit und Sittlichkeit. Der Chevalier des Grieux, der Liebende in «Manon Lescaut», liebt Manon, obwohl er sie ausdrücklich nicht achtet. Bei Julie und Saint-Preux lieben und achten beide einander.

Das Geheimnis der ungeheuren Wirkung dieses Romans wurde kurz nach Rousseaus Tod so charakterisiert: «Es gibt nichts, das so schwer ist in der Liebe, wie das zu schreiben, was man nicht fühlt. […] Das ist der Mangel der Romane; der Autor reibt sich, um sich aufzuheizen, und der Leser bleibt kalt. *Héloïse* ist der einzige, den man ausnehmen kann.» Diese Bemerkung findet sich in

Sophie d'Houdetot tritt in Männerkleidern bei Rousseau in der «Ermitage» von Montmorency ein. Der Künstler stellt Rousseau mit verzücktem Blick und verzückter Handbewegung dar. Rousseau schrieb zu dieser Zeit an seinem Liebesroman «Julie, ou la Nouvelle Héloïse». Der Eintritt der Comtesse mag ihm wie eine Schnittstelle zwischen Imagination und Wirklichkeit erschienen sein. Französischer Stich aus dem 19. Jahrhundert

einem anderen berühmten Briefroman: «Die gefährlichen Liebschaften» von Choderlos de Laclos aus dem Jahr 1782 (33. Brief, Marquise de Merteuil an Valmont). Rousseau gelingt die Sprache der Liebesauthentizität. *Es ist nötig, Sie zu fliehen*: Damit beginnt der Roman im Brief des Saint-Preux an Julie. In einem der ersten Antwortzettel Julies heißt es: *Ich bin besessen, ich kann bis morgen zu Ihnen weder sprechen noch Ihnen schreiben. Warten Sie.*[254]

Der Gipfel der Intensität wird im 17. Brief von Saint-Preux an Mylord Edouard erreicht, wenn Saint-Preux von einem Ausflug mit der längst verheirateten Julie in die Winterlandschaft an den Ort seiner frühen Leidenschaft berichtet: *Diese glücklichen Zeiten sind nicht mehr; sie sind für immer vergangen. Sie kommen, ach, nie mehr zurück; und wir leben, und wir sind zusammen, und unsere Herzen sind noch immer vereint! Es schien mir, dass ich ihren Tod oder ihre Abwesenheit geduldiger ertragen hätte und dass ich die gesamte Zeit, die ich ohne sie verbrachte, weniger gelitten hatte. […] Doch mich bei ihr zu befinden; doch sie zu erblicken, zu berühren, zu ihr zu sprechen, sie zu lieben, sie anzubeten, sie fast noch zu besitzen, sie für immer für mich verloren zu haben, das stürzte mich in Anfälle von Wahn und Raserei, die mich nach und nach bis hin zur Hoffnungslosigkeit bewegten […] ich war mit Gewalt versucht, sie zusammen mit mir in die Fluten zu stoßen. […] Ah, sagte ich ganz leise zu ihr, ich sehe, dass unsere Herzen niemals aufgehört haben, einander zu verstehen! Das ist wahr, bemerkte sie mit veränderter Stimme.*[255]

Rousseaus Roman bietet eine Vielfalt von Themen, er handelt auch von Musikästhetik, von den Sitten in Paris, vom Freitod und ist vermutlich auch die verborgene Quelle jener Marx'schen Metapher von der Religion als «Opium des Volkes». Julie nämlich schreibt an Saint-Preux, Wolmar sei der Ansicht, *Religiosität […] ist ein Opium für die Seele. Es erheitert, belebt und baut auf, wenn man wenig davon nimmt. Eine zu starke Dosis macht schläfrig oder wütend oder tötet.*[256]

Am 23. Mai 1807, fast zwanzig Jahre nach Rousseaus Tod – Frankreich wird inzwischen von Napoleon beherrscht –, zieht es eine Gräfin im Alter von 77 Jahren zu Rousseaus leerem Grab auf der Pappelinsel in Ermenonville. Einige Tränen fließen. Es ist die Comtesse d'Houdetot. Sie wird 1813 mit 83 Jahren sterben. Das Geheimnis ihrer Beziehung zu Rousseau nimmt sie mit in ihr Grab. «Er war furchterregend hässlich, und die Liebe ließ ihn nicht schöner werden; doch er rührte an, und ich habe ihn mit Sanftmut und Güte behandelt. Er war ein interessanter Verrückter. Er hat allen Frauen den Kopf verdreht, außer mir, der ich seinen verdrehte», berichtete sie später und lächelte.[257]

# Revolutionäre Politik und Erziehung zu emanzipatorischer Abweichung

**M**it seinem *Contrat social* setzt Rousseau 1762 zu einer normativen Lösung der politischen Probleme an. Der *Discours sur l'origine de l'inégalité* mündete in den innerhalb der politischen Philosophie der Neuzeit völlig neuartigen Verdacht, dass es den Besitzenden gelungen sei, für die Verlierer den Anschein einer gesetzlichen Regelung zu schaffen, bei der beide Seiten profitieren. Nunmehr geht es darum, diesen Pakt des Betrugs zu ersetzen. Das maßgebliche und kaum noch übersehbar vielfältig kommentierte Kapitel VI des I. Buches des *Contrat social* mit dem Titel *Vom gesellschaftlichen Pakt* enthält fast alle wesentlichen Grundlagen der neuen normativen Konzeption. Wie lässt sich jener betrügerische Vertrag wirksam ersetzen? Rousseau verfolgt hier eine geschickte Rhetorik der Raffung und meidet langatmige Darstellungen. Es gehe um *Erhaltung*, jedoch um die Erhaltung aller, verstanden als *Zusammenführung* und *Summe von Kräften*, die befähigt werden, *einvernehmlich zu handeln* (*agir de concert*). Das Bedenken dagegen, das von seinen Zeitgenossen an bis heute geäußert wurde, liefert Rousseau selbst: Wie bringt das Individuum seine *Kraft und seine Freiheit* in das Ganze ein, *ohne sich selbst zu schaden*? Rousseau antwortet mit einer Frage, die viel weiter reicht als die im Liberalismus bis heute gewählte Fixierung auf das Individuum: *Eine Assoziationsform finden, die mit aller gemeinsamen Kraft die Person und die Güter jedes der Assoziierten verteidigt und beschützt und durch welche jeder, indem er sich mit jedem vereint, gleichwohl nur sich selbst gehorcht und genauso frei bleibt wie zuvor.*[258] Ein bloßes Zusammenkommen verschiedener Menschen reicht nicht aus, um Schutz und Freiheitsgarantie zu erzielen. Rousseau verbindet hier, was die moderne Demokratietheorie als Input- und Output-Legitimität unterscheidet. Input ist eine *vollständige Entäußerung [aliénation totale] jedes Mitgliedes mit all seinen Rechten an die Gemeinschaft.* Der Output besteht in jener *Kraftsumme*, die aus der völligen Entäußerung resultiert.[259]

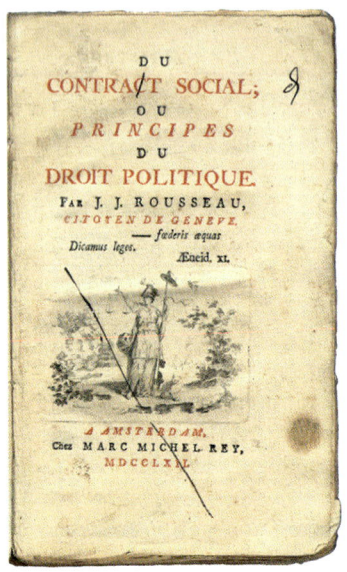

Im vorangegangenen Kapitel war eine andere Bedingung genannt worden, nämlich die der *Einmütigkeit*, die *zumindest einmal* zur Gründung der Gesellschaft postuliert werden muss.[260] Worüber gilt es einmütig zu sein? Bei seiner berühmten Antwort wechselt Rousseau von der dritten in die erste Person Plural, von *alle* zu *wir*, und deutet damit einen Aufforderungscharakter an: *Jeder von uns unterwirft gemeinsam seine Person und seine gesamte Macht der höchsten Leitung des Gemeinwillens; und wir erhalten gemeinsam jedes Glied als unteilbaren Anteil des Ganzen.*[261] Diesen Akt nennt Rousseau *vollständige Entäußerung*. Er bietet eine bis heute grundlegende Veränderung des Verständnisses unserer politischen Bezüge. Politik darf nicht als Eigentumsbeziehung verstanden werden. Weder gehört die Regierung der Gesellschaft noch diese der Regierung. Einverleibung als Eigentum galt und gilt als politisches Motiv innerhalb und zwischen Staaten. Wer etwas besitzt, ist nicht davor gefeit, besessen zu werden. Dagegen setzt Rousseau Politik als Akt und Aktivität der Auflösung und Verhinderung von Possessivbezügen. Menschen können jetzt nicht mehr Menschen offen oder auf versteckte Weise besitzen. Der Staat (*volonté générale*) ist nicht

Eigentümer der Einzelwillen, sondern er ist die Instanz der Gleichheit aller als Boden für ihre freie Entfaltung, die Privateigentum als Besitz zulässt. Hegel hat später das Imperium romanum als ein Modell gedeutet, in welchem alle Bürger Eigentum des Imperators waren. Seine Staatskonzeption folgt Rousseau in der Ablehnung von Politik als Eigentumsbezug. Doch auf der Ebene des «Weltgeistes» erscheint die Eigentumsbeziehung erneut: Völker und ihre Leiter sind wiederum Eigentum des Weltgeistes, über die er ungehindert verfügt. Ebenfalls in Fortsetzung Rousseaus versucht Karl Marx Geschichte so zu denken, dass sie auf Dauer alle Möglichkeiten verliert, mit denen Menschen andere Menschen als Eigentum beanspruchen können.

Kapitel I des IV. Buches setzt mit der These ein, dass die *Hindernisse* bei der Selbsterhaltung die Fähigkeit eines einzelnen Individuums übersteigen und dass die Menschengattung unterginge, wenn sie *ihre Seinsweise nicht ändern würde.*[262] Muss damit nicht doch ein verallgemeinertes Kriegsrisiko angenommen werden wie bei Hobbes? Offenbar nicht, denn Rousseau spricht weder hier noch in der ersten Fassung des *Contrat social* vom Naturzustand als Kriegszustand.[263] Die Frage, um die es hierbei geht, entscheidet darüber, weshalb denn überhaupt eine politische, souveräne Macht auf Erden auftritt. Zufolge des *Discours sur l'origine de l'inégalité* war dies ebenso unnötig wie für die Menschengattung verhängnisvoll. Was aber geschieht, wenn Rousseau die Art der Gefährdung der Menschen im Naturzustand nicht mehr angibt, sondern nur summarisch von einer Notwendigkeit der Änderung spricht? Es folgt zumindest negativ, dass der zu schaffende Souveränitätszustand nicht die Aufgabe hat, Inhalte des Naturzustands zu garantieren, wie zum Beispiel Frieden oder bestimmte Rechte. Das ist ein wichtiger Unterschied zu der angelsächsischen Tradition von Hobbes und Locke.

Die Frage, was die Aufrichtung eines Souveränitätszustands auf Erden denn positiv erbringe, wird von Rousseau grundsätzlich beantwortet: Jeder Einzelne bleibt im Souveränitätszustand so frei für Handlungen wie ohne ihn. Der Naturzustand hatte die Menschen mit dem Ende ihrer Handlungsfreiheit bedroht, der Souveränitätszustand garantiert sie ihnen. Paradox formuliert: Die Menschen müssen aus dem Naturzustand heraustreten, um das zu bewahren oder zu erlangen, was dieser ihnen versprach, ohne es ihnen verschaffen zu können. Ein solcher Zustand lässt sich als ein Souveränitätszustand verstehen, der zuvor noch von niemandem gedacht worden war, der weder einen Rückschritt in die Hauswirtschaft (Oikos) noch eine Wiederholung der Polis als Politeia oder Staat bedeutet, sondern der die Gesellschaft als solche emanzipiert, der sie souverän werden lässt.[264]

Rousseaus Darstellung der Aufrichtung von Souveränität enthält zwei Paradoxien: erstens die der Bewahrung durch Aufgeben und zweitens die der Inanspruchnahme von etwas noch nicht Bestehendem. Es gibt noch weitere bei Rousseau offene Probleme, nämlich die Frage, wer eigentlich mit wem einen Vertrag schließt, und die Frage, wer auf welche Weise feststellen soll, wann gegen den Sozialvertrag verstoßen wird.[265]

Zu den beiden genannten Paradoxien ist zu bemerken: Bewahrt werden soll die Handlungsfreiheit, wie sie im Naturzustand existierte. Diese Freiheit ist jedoch nicht bekannt, weil der Naturzustand, eben weil er verlassen werden soll, in seinem Verfall die Freiheit nicht mehr aufweist. Aber selbst wenn sie bekannt wäre, bliebe sie etwas Vergangenes. Vergangenes jedoch vermag nie als solches bewahrt zu werden, sondern verändert sich bei jedem Versuch, es künstlich zu erhalten. Und selbst wenn es annähernd erhalten würde, so geschähe dies auf andere, nämlich künstliche Weise, während es selbst nicht unter künstlichen Bedingungen stand. In der ersten Fassung seines *Contrat social* betonte Rousseau noch die Leistung der Kunstfertigkeit bei der sozialen Heilung der Menschen: *Die Menschengattung ginge unter, wenn die Kunstfertigkeit der Natur nicht zu Hilfe käme.*[266] Auf die Kunstfertigkeit nimmt die Endfassung nicht mehr Bezug.

Die erste Paradoxie ist indes nicht unbedingt gefährlich für Rousseaus Konzept. Die Bewahrung könnte vor allem als historische Annahme gelten und die ersten Nutznießer menschlicher Vergesellschaftung betreffen. Diese nämlich würden sich noch erinnern an ihre alten Verhältnisse und den Gesellschaftszustand vergleichen können mit dem Naturzustand. Es bleibt indes auch hier das Problem, dass die Initiatoren der ersten Gesellschaft den Naturzustand nur in seiner Bedrohungsform kannten. Die Folge der ersten Paradoxie ist für eine Verwirklichung des Rousseau'schen Gesellschaftsvertrags nicht notwendig destruktiv. Verzichtet werden müsste auf eine Bewahrung natürlicher Freiheit zugunsten von Freiheitsgarantien, die auszuhandeln wären.

Bekannter ist die zweite Paradoxie: Wie steht es mit jenem *Gemeinwillen*, der *volonté générale*, dem sich alle bei der Vergesellschaftung anvertrauen? Ist er bereits da, so bleibt unverständlich, weshalb er nicht bereits im Naturzustand wirksam wurde und die Katastrophen verhinderte. Ist er indes nicht oder noch nicht gegeben, so ist es nicht möglich, sich ihm anzuvertrauen, sich von ihm leiten zu lassen. Diese Paradoxie stellt erhebliche Anforderungen an die politische Phantasie. Doch auch für sie gibt es grundsätzlich eine Lösung. Sie steht unter zwei Voraussetzungen, einer anthropologischen und einer politischen. Die anthropologische Voraussetzung ist die Gemeinsamkeit der Interessen verschiedener Menschen. Dazu könnte etwa gehören, dass alle, indem jeder sein Wohl zu befördern sucht, bemerken, dass dies ohne die Förderung fremden Wohls nicht erreichbar ist. Wenn es somit eine Interessengemeinsamkeit aller gibt, dann muss diese politisch zur Geltung kommen. Dass ihr diese Geltung versagt blieb, ist Inhalt der Gesellschaftskritik Rousseaus im Ganzen. So gesehen, kann die *volonté générale* verstanden werden als metaphorischer Ausdruck der Befreiung der anthropologischen Interessengemeinsamkeit der Menschen von ihren politischen Deformationen. Dies ergibt eine innere Verbindung zwischen Rousseau und der Revolution. Die *gegenwärtige Gesellschaftsordnung*, so vermerkte Rousseau selbst, sei *Gegenstand unvermeidlicher Revolutionen*.[267]

Indes schrieb Rousseau nicht in visionärer Vorwegnahme des Ballhausschwurs 1789, der Enthauptung des Königs, der Abschaffung von Sklaverei, des Kampfes einer revolutionären Gesellschaft von morgen gegen die Monarchien von gestern. Er schrieb seinen *Contrat social* in einem ganz anderen Bewusstsein, nämlich in der Gewissheit seiner Annahme, der Naturzustand sei unter Erfüllung aller formalen Bedingungen von Gegenseitigkeit und Rechtmäßigkeit beendet worden und stelle trotzdem das genialste Betrugsmanöver dar, das bisher jemals von Menschen ausgedacht worden sei. Erfunden wurde das Recht, um die Vorteile der natürlichen Gewinner zu sichern und gleichzeitig den Verlierern die Vorstellung zu verschaffen, gleichberechtigte Teilhaber derselben

Die berühmte «volonté générale» kann als Metapher für eine anthropologische Interesseneinheit der Menschen gelesen werden, die auf Dauer von ihren bisherigen politischen Deformationen zu befreien ist.

Rousseau arbeitete 1764/65 auch ein Verfassungsprojekt für Korsika aus, in welchem er recht konkret unter anderem vorschlug, dass die Insel primär agrarisch sein solle, dass der größte Teil des Eigentums sich in Staatsbesitz befinden solle, dass die Geldwirtschaft entbehrlich sei und dass die Grundlage der Verfassung die Gleichheit aller Einwohner zu sein habe.

1770/71 erarbeitete er seine «Considération sur le gouvernement de Pologne». Um der Korruption vorzubeugen, werden hier regelmäßige Wahlen und damit eine von ihm im «Contrat social» ausgeschlossene Repräsentation vorgeschlagen, allerdings sind die gewählten Volksvertreter mit einem imperativischen Mandat ausgestattet.

Ordnung zu sein. Um diesen Betrug, um diese politische Deformation, um diesen Sieg der Ungleichheit und der Eigentumsbeziehung von Menschen über Menschen unter dem Deckmantel der Gleichheit künftig zu verhindern, so der politische Grundgedanke Rousseaus, müsse der neue Gesellschaftsvertrag von einer ursprünglichen Einmütigkeit aller und von ihrem Verzicht auf ihre angesammelten Güter ausgehen. Eine Gesellschaftsordnung muss, so die Lehre Rousseaus, auf vorgängige Gleichheit aller gegründet werden. Erst auf dem Boden einer von jedem Mitglied erfassten, anerkannten und vollzogenen Gleichheit kann Freiheit wachsen. Auf dem Boden der Freiheit, so legt Rousseau nahe, vermag dagegen keine Gleichheit zu gedeihen. Die Freiheit als Grundlage einer Gesellschaft führt zur Ausprägung nicht mehr überbrückbarer Ungleichheiten und des permanenten Versuchs der Vorteilsverschaffung und der verdeckten Ausübung von Eigentumsrechten über Menschen.

Gleichzeitig mit dem *Contrat social* erscheint 1762 *Émile*. Schriften zur Erziehung gab es in Europa seit der griechischen Antike. Doch vor Rousseau gingen sie mehrheitlich (Montaigne und Platon ausgenommen) von einer Voraussetzung aus: dass Erziehung Einführung der jungen Menschen in eine soziale Ordnung darstellt, die intakt, sinnvoll und erstrebenswert ist. Platons «Politeia» ähnelt Rousseau insofern, als die Gesellschaft Opfer von Vorurteilen ist und sich verhält wie die gefesselten Insassen eines unterirdischen Gefängnisses. In der ersten Fassung seines *Émile* bemerkt Rousseau: *Wenn man eine passende Vorstellung der öffentlichen Erziehung erlangen will, so muss man Platons «Politeia» lesen. Dieses Buch ist keineswegs ein politisches Werk, wie diejenigen denken, die Bücher nur nach ihren Titeln beurteilen; es handelt sich vielmehr um die schönste Abhandlung über Erziehung, die jemals geschrieben wurde. Öffentliche Erziehung existiert nicht mehr und vermag nicht mehr zu existieren. Weil es kein Vaterland mehr gibt, kann es keine Bürger mehr geben. Beide Wörter sind aus den modernen Sprachen zu streichen.*[268] Dies mag hinsichtlich des Endes des Vaterlandes an Jean de La Bruyère anschließen, der 1688 – in «Les caractères» (X.4) – notiert hatte: «Im Despotischen gibt es kein Vaterland; anderes ersetzt es dort: das Interesse, der Ruhm, der Dienst am Fürsten.»

Es war Rousseau, der nie eine Schule besucht hatte, vorbehalten, mit der Krise der feudalen Gesellschaften zugleich die Krise der Erziehung zu erkennen, sofern Erziehung Selbstreproduktion der Gesellschaft bedeutet. Er war selbst Gegenstand jener Eignungsbewertungen, die Experten an jungen Menschen vornehmen. 1729 hatte ein gewisser Bernard-Paul d'Aubonne auf Bitten von Madame de Warens Rousseau auf eine mögliche Berufstauglichkeit hin indirekt examiniert, mit dem Ergebnis, es handele sich um einen *in jeder Hinsicht sehr beschränkten* jungen Menschen, dessen höchste Ehre darin bestehe, *eines Tages Dorfpriester* zu werden.[269] Rousseau gesteht: *Ich habe niemals etwas mit Lehrern gemeinsam lernen können, meinen Vater und Herrn Lambercier ausgenommen. Das wenige, was ich mehr weiß, das habe ich allein gelernt. [...] Mein Geist will zu seiner Stunde gehen, er vermag sich nicht der Zeit eines anderen zu unterwerfen.*[270]

Erziehung heißt für Rousseau nicht Dienstleistung für eine entfremdete Gesellschaft. Ihre Voraussetzung ist etwas Angeborenes und von der Natur trotz aller gesellschaftlichen Deformationen Mitgegebenes, ein *angeborenes Prinzip von Gerechtigkeit und Tugend*, das er *Gewissen (conscience)* nennt.[271] Dagegen, so weiß Rousseau, werden seine Zeitgenossen bemerken: «*Vorurteile der Erziehung!*» Dies bezieht sich vor allem auf Helvétius, der 1758 konstatierte: «Die Erziehung macht uns zu dem, was wir sind.»[272] Ein solches Urteil gehört für Rousseau zu einer entfremdeten Gesellschaft, die glaubt, Menschen nach Maßgabe von Menschen normieren und produzieren zu können. Rousseau schließt an die stoische Lehre an, die davon ausgegangen war, dass jedes Lebewesen einen eigenen Bauplan (sýstasis) und einen Innenbezug (syneídesis) hat und zu erhalten sucht, wobei beides zusammen als Prozess eines Vertrautwerdens mit sich selbst (oikeíosis, auch: Zueignung, Zurechnung) gedeutet wurde. Die Natur, so die Stoa, entfremde sich ihren eigenen Lebewesen nicht. Im Griechischen und Lateinischen sind Wörter für eine metaphorische, psychische Entfremdung möglich (allotriótes, alienatio). Sie bieten Rousseau keinen Anreiz, sie sinngemäß im Französischen zu nutzen. «Aliénation» hat für ihn den Sinn von «Verkauf», «Schenkung», «Eigentumsübertragung» (*Contrat social*, I.IV und I.VI). Der metaphorische Sinn von «Entfremdung» wird erst von Hegel in die Philosophie eingeführt und von Marx erweitert.[273] Die Stoiker betonten innerhalb der antiken Philosophie die Gleichheit aller Menschen, die Frauen eingeschlossen. Rousseaus Erziehungskonzept leidet unter der beschriebenen Ausschließung der Frau als vollwertigen Staatsbürgerin und gilt primär dem männlichen Menschen. Obwohl er sich am weitesten von sozialen Vorurteilen entfernte, blieb er hinsichtlich der Entwicklung und Stellung der Frau traditionellen Vorurteilen verhaftet.

Für Rousseau ist Erziehung Pädagogik der emanzipatorischen Abweichung von der Bestätigung geltender Normen. Wenn die Gesellschaft Verfall ist und wenn es keinen Weg zurück in das vorzivilisatorische Glück der Gattung gibt, so besteht, sofern die Menschen stets auch zur natürlichen Ordnung gehören, mit einer Pädagogik der Abweichung eine Chance für den Einzelnen, unabhängig zu werden von dem Überflüssigen, was die Zivilisation als Unentbehrliches ausgibt.

Rousseau stellt die Geschichte der Kultur in der Erziehung nach. Die *Landwirtschaft* ist dabei das *erste Handwerk des Menschen*.[274] Der Zögling wählt ein weiteres Handwerk, das des Tischlers, das er mit seinem Lehrer gemeinsam erlernt, aber nicht als *Arbeiterlehrling*, sondern als

Rousseaus Pädagogik weicht emanzipatorisch ab von einer auf die normative Selbstreproduktion der Gesellschaft hin konzipierten Erziehung, in welcher das Kind keinen Eigenwert besitzt, sondern nur als Vorform dessen zählt, was es einmal als Erwachsener werden soll. Im Unterschied dazu verleiht Rousseau dem Kind erstmals einen Eigenwert der Selbstentfaltung, die an nichts als dem Recht des Kindes auf Freigelassensein zu messen ist.

*Menschenlehrling.*[275] Gezeigt wird ihm auch, was es bedeutet, etwas als Eigentum zu besitzen. Ein Stück Erde, das er bearbeitet, besitzt dann *etwas von ihm selbst, das er gegen jeden beliebigen Menschen einfordern kann*[276]. Diese Einschätzung der Arbeit entspricht der von Locke. Sie betrifft die Aneignung und den Ausschluss der anderen

Ein wichtiger pädagogischer Erfolg: Émile hat, obwohl er zunächst aufgibt («Ich weiß es nicht. Ich bin müde; ich habe Hunger; ich habe Durst; ich kann nicht mehr»), den Weg nach Montmorency durch die Orientierung an den Himmelsrichtungen selbst gefunden: «Ah, ich sehe Montmorency! [...] Essen wir zu Mittag, zu Abend, laufen wir schnell: Die Astronomie ist zu etwas gut.» Laut Rousseau kommt es darauf an, dass nicht der Lehrer, sondern der Zögling den Satz von der Nützlichkeit der Kenntnisse ausspricht. (Émile, OC IV, S. 449 f.) Émile und sein Erzieher auf der Wanderung. Stich von F. B. Lorieux nach Jean-Michel Moreau d. J.

vom Angeeigneten, nicht den von Voltaire am Ende seines «Candide» betonten psychischen Gewinn der Arbeit als Verhinderung von Langeweile. Doch Rousseau wird hier nicht zum Apologeten des Privateigentums. In Buch IV heißt es nämlich mit einer später von Mary Wollstonecraft aufgegriffenen Metapher: *Der Dämon des Eigentums infiziert alles, was er berührt. Ein Reicher will überall der Herr sein und fühlt sich nur dort wohl, wo er es nicht ist: Er ist gezwungen, sich selbst stets zu fliehen.* [277]

Wie bei Montaigne fast zwei Jahrhunderte vor ihm schon angedeutet, übersetzt Rousseau Grundannahmen der stoischen Ethik in die Pädagogik und ändert diese von Grund auf. Hatte Montaigne beklagt: «Man schreit uns unablässig die Ohren zu, wie wenn man etwas in einen Trichter schüttet, und unsere Aufgabe ist dabei nichts weiter, als nachzusagen, was man uns vorgesagt hat», und gefordert, «die Dinge aus eigenem Antrieb zu kosten, zu wählen und zu vergleichen», dann schafft Rousseau eine systematische Grundlage. [278] Er benötigt dazu in einem Zögling *den abstrakten Menschen, den allen Zufällen des Menschenlebens ausgesetzten.* Aus einer Bemerkung in seinem Roman *Julie, ou la Nouvelle Héloïse* geht hervor, dass der *abstrakte Mensch* der nicht von Gesellschaftsnormen verformte ist: *Es gibt kein perfektes Modell des vernünftigen und des gesellschaftsnormierten Menschen [honnête homme].* Der *abstrakte Mensch* meint im Unterschied zum heutigen Sprachgebrauch nicht einen irrealen, sondern einen überlebensfähigen Menschen: *Glücklich, wer den Zustand auch verlassen kann, wer ihn verlässt und Mensch bleibt, trotz der Schicksalsumstände!* Diese Bemerkung, eine Paraphrase des antiken Kynismus, steht in einem Kontext, der noch immer als eine Art Prophetie überrascht: *Wir nähern uns einem Zustand der Krise und einem Jahrhundert der Revolutionen.* [279]

*Macht das Gegenteil des Üblichen, und ihr tut fast immer recht. Da man aus einem Kind nicht ein Kind, sondern einen Gelehrten machen will, haben die Väter und die Lehrer niemals früh genug streng getadelt, verbessert, unterdrückt, geschmeichelt, bedroht, versprochen, belehrt, vernünftelt.* [280] Gegenüber einer als Instruktion und Indoktrination verstandenen Erziehung nimmt Rousseau das aus dem Lateinischen stammende Wort «éducation» in gewisser Weise wieder wörtlich als «Herausführung» und verleiht ihm faktisch die Doppelbedeutung einer Herausleitung des Kindes aus seiner Kindheit im Vollzug derselben und zugleich einer Herausführung aus den Bahnen einer inhomogenen Verfallsgesellschaft. *Betrachtet alle Verzögerungen als Vorteile* und *lasst die Kindheit in den Kindern reifen.*[281] Seiner Pädagogik der emanzipatorischen Abweichung gibt er einen passenden Namen: *Die erste Erziehung hat rein negativ zu sein. Sie besteht nicht darin, Tugend oder Wahrheit zu lehren, sondern darin, das Herz vor dem Laster und den Geist vor dem Irrtum zu bewahren.*[282] Die negative Erziehung ziele *nicht darauf, die Laster des menschlichen Herzens zu heilen, da es ja von Natur aus keine solchen gibt, sondern darauf, ihr Entstehen zu verhindern*[283]. *Negative Erziehung* besitzt den Doppelsinn einer Laster und Irrtum verhindernden statt einer Tugend und Wahrheit eintrichternden Erziehung und den einer die traditionelle Pädagogik verneinenden Edukation. Sie konzentriert sich auf ein bestimmtes Alter: *Das gefährlichste Intervall des menschlichen Lebens ist das zwischen der Geburt und dem Alter von zwölf Jahren.* Würden *die Kinder von der Mutterbrust mit einem Sprung zum Alter der Vernunft gelangen, dann könnte die Erziehung, die man ihnen gibt, zu ihnen passen.*[284] Wiederholt sucht Rousseau die ausdrückliche Abgrenzung zur Indoktrination, deren Ziel es ist, keine Zeit zu verlieren: *Ihr seid erschreckt, seine [des Kindes] ersten Jahre damit verbraucht zu sehen, nichts zu tun! Wie? Ist es nichts, glücklich zu sein? Ist es nichts, den ganzen Tag zu springen, zu spielen, zu laufen?* Auch wird man zugeben, dass der Verzicht auf Schlaf todbringend sei. Dann aber gilt: *Vergesst nicht, das ist hier dasselbe, die Kindheit ist der Schlaf der Vernunft.*[285] Eine Voraussetzung der negativen Erziehung ist die oben bereits verdeutlichte natürliche Qualifikation des Menschen als eines vervollkommnungsfähigen, frei handelnden und moralisch und metaphysisch weder guten noch bösen Lebewesens, nicht jedoch eines von Natur aus bereits moralisch «guten» Wesens. Rousseaus Metapher vom *Schlaf der Vernunft* schließt auch den Schlaf der Moral ein.

Die moderne Pädagogik sieht sich vielfach als Fortsetzer Rousseaus und gesteht den Kindern in jeder Entwicklungsphase ein Recht auf angemessene Erziehung zu. Allein «in unseren Einrichtungen räumen wir es allenfalls den Vorschulkindern und den Grundschulkindern ein; den Zwölf- bis Sechzehnjährigen versagen wir es gründlich»[286].

## Selbsterkundung, Selbstrechtfertigung und harmonischer Lebensausklang

Blaise Pascal hatte ein Jahrhundert vor Rousseau bemerkt, alles Unglück der Menschen komme allein daher, dass man es nicht schaffe, in Ruhe in einem Zimmer zu bleiben. Rousseau verließ indes sein Zimmer und durchstreifte die Natur. *Wenn ich von meinen einsamen Spaziergängen zurückkehre, bin ich zufrieden, ich habe niemandem gefehlt, niemand hat mir gefehlt.* Das Naturverhältnis Rousseaus ist nicht therapeutisch, sondern dialogisch, die Natur wird als Sprache verstanden: *Es gibt Unaussprechliches in der natürlichen Einsamkeit, denn es gibt dort Stimmen, die zu allen Sinnen sprechen. [...] Alles spricht in der Einsamkeit, und die Stimmen sind dort stärker als in der Gesellschaft.*[287]

1764 hatte Rousseau in Môtiers mit der ersten Fassung seiner *Confessions* begonnen, ab 1772 schrieb er die Dialoge *Rousseau juge de Jean-Jacques*. Beide Schriften sind geprägt von einem Geist der Rechtfertigung und von der Hoffnung auf Rehabilitation in der Öffentlichkeit. Die *Confessions* enthalten am Anfang eine für die Aufklärung nur scheinbar befremdliche Bemerkung: *Die Posaune des Jüngsten Gerichts möge erschallen, wann sie wolle; ich werde, dieses Buch in der Hand, mich vor dem höchsten Richter präsentieren [...] ich habe mein Inneres so enthüllt, wie du es selbst gesehen hast.*[288] Am 24. Februar 1776 versucht er, das Manuskript von *Rousseau juge de Jean-Jacques* auf dem Altar von Notre-Dame in Paris zu deponieren, doch das Chorgitter ist verschlossen.

Eine Rückkehr zur Offenbarungsreligion, eine Bestätigung der «Confessiones» des Kirchenvaters Augustinus?

Man hat versucht, die acht Sünden, die Augustinus beschreibt, unter anderem den Überdruss, die Ruhmsucht, den Stolz, auch bei Rousseau aufzufinden, und auf eine Imitation des Augustinus geschlossen.[289] Indes sind die Unterschiede bedeutsamer. Augustinus' «Confessiones» bilden ein ständiges und inständiges Gebet an die mit «Du» angesprochene Gottheit, bestimmt von der

24. Februar 1776: Rousseau, das Manuskript seiner Dialoge «Rousseau juge de Jean-Jacques» unter dem Arm, will dieses auf den Altar von Notre-Dame in Paris legen, doch das Chorgitter ist ausnahmsweise verschlossen.

Hoffnung, Ruhe zu finden in Gott. Ganz anders Rousseau. Er beansprucht eine Selbstoffenlegung, die identisch mit dem ist und sein muss, was die Gottheit über ihn weiß. Die natürliche Religion ersetzt die Unterwerfung unter eine unerklärliche Gottheit durch eine Vernunft des Menschen, die mit der Gottes gleich ist, sofern angenommen wird, dass sie von ihr stammt. Damit entfällt auch das durchgängige und sich unterordnende Augustinische «Du» der Gottesanrede. Die aufrichtige Selbstbeobachtung, Selbstentschleierung und Selbstbewertung eines Menschen würde, sofern dies zu demonstrieren möglich wäre, mit dem Wissen der Gottheit über diese Person zusammenfallen. Rousseaus «Du» des Weltenrichters ist dem menschlichen «Ich» gleichgeordnet, wie es Grammatik und Pragmatik unserer Sprachen verlangen.

Es gibt einiges, was Rousseau zu gestehen und zu bekennen hat. Zum einen ist da *nur eine Bagatelle*: Er stahl 1728 in einem Turiner Haushalt ein *Haarband*, das ihm gefiel, und beschuldigte, als man ihn verdächtigte, in einer *diabolischen Tollkühnheit* eine völlig unschuldige Köchin. Bisher hatte er dies niemandem mitgeteilt. Seine *Confessions* sind der Ort dieses Geständnisses, und zugleich folgen sie aus dem Motiv für *den Entschluss, den ich gefasst habe, meine Geständnisse aufzuschreiben*[290]. Da ist zum anderen folgendes Ereignis: 1730 begleitet er einen Herrn Le Maître nach Lyon. Als dieser *bewusstlos, mit Schaum auf den Lippen, mitten auf der Straße* in einem epileptischen Anfall zusammenbricht, *wurde er von dem einzigen Freund verlassen, dem er hätte vertrauen können*. Denn: *Ich nutzte den Augenblick, in dem niemand an mich dachte, eilte um die Straßenecke und verschwand.*[291]

Sein nach heutigen Maßstäben am schwersten wiegendes Geständnis ist, seine fünf Neugeborenen an ein Hospiz für Findelkinder in den Jahren 1747 bis 1752 fortgegeben zu haben. *Ja, Madame, ich habe meine Kinder den «Enfants trouvés» übergeben*, schreibt er am 20. April 1751 in Paris an Madame de Francueil und begründet: *Ich schulde ihnen den Lebensunterhalt, ich habe ihnen einen besseren oder zumindest einen sichereren verschafft, als ich ihn mir selbst hätte geben können. Das ist der erste Artikel. Danach kommt das, was ihre Mutter betrifft, die man nicht entehren darf.* Armut und die Vorstellung seines baldigen Todes (der Arzt Dupin hatte ihm zu dieser Zeit nur noch sechs Monate zu leben gegeben) waren nach diesem Zeugnis seine Beweggründe. Eine Frau wie seine Lebensgefährtin Thérèse, die ohne ihn mit Kindern von einem Mann hätte leben müssen, mit welchem sie nicht verheiratet war, galt damals als entehrt.[292] In Buch IX der *Confessions* fügt er einen dritten, in dem Brief von 1751 noch verschwiegenen Grund hinzu: *Ich erschrak, sie [seine Kinder] dieser schlecht erzogenen Familie [der von Thérèse] zu übergeben, um von ihr noch schlechter erzogen zu werden. Die Risiken der Erziehung bei den «Enfants trouvés» waren weitaus geringer.*[293] So zeigen sich in Rousseaus Begründung für seinen Schritt die Züge einer durchaus anderen Welt. Rousseaus Verhalten war keine Ausnahme. Die Zahl nicht nur der abgegebenen, sondern der auf den Straßen gefundenen Kinder stieg in Paris gegenüber dem Ende des 17. Jahrhunderts stark an. 1750 waren es 3785 Kinder, 1760 bereits 5032. Im Jahr 1772 wurden in Paris 41 Prozent der Neugeborenen abgegeben. Der später berühmte Mathematiker und Aufklärer Jean Le Rond d'Alembert war 1717 als Säugling auf den Stufen einer Kirche ausgesetzt worden. Man schätzt, dass 70 Prozent der Kinder in den Hospizen als Folge der damals hohen Säuglingssterblichkeit nicht ihr erstes Lebensjahr vollendeten. Die überlebenden Jungen wurden Arbeiter, Landarbeiter oder Soldaten.[294] Über die Mädchen ist nichts bekannt.

Rousseau hat später die Fortgabe seiner Kinder als *Fehler* (*faute*) bezeichnet und von *starken Gewissensbissen* gesprochen.[295] Als 1761 die Herzogin Madeleine-Angélique de Luxembourg vergeblich versuchte, eines der Kinder mit Hilfe einer von Rousseau aufbewahrten Nummer, unter der es im Hospiz geführt wurde, aufzufinden, schreibt er ihr: *Wenn es ein Mittel gäbe, dieses Kind wiederzufinden, dann würde dies das Glück seiner zärtlichen Mutter ausmachen.* Er selbst dagegen *fühlte sein Herz zugeschnürt von der Ungewissheit,* ob es sich wirklich um das eigene Kind handeln würde.[296]

Einer der zartesten Berichte über einen glücklichen Tag in seiner Jugend – den 1. Juli 1730 – findet sich in Buch IV der *Confessions*. Rousseau beschreibt, wie er in der Frühe eines Sommertags zwei jungen Frauen mit ihren Pferden über einen Bach hilft, wie sie ihn einladen mitzukommen, wie sie gemeinsam speisen. *Ich eilte in die freie Natur, um den Sonnenaufgang zu sehen [...] alle Vögel verabschiedeten im Konzert den Frühling und besangen die Geburt eines schönen Sommertags.* Dann treten die beiden hübschen Damen, Mademoiselle de Graffenried und die *noch hübschere* Mademoiselle Galley, auf, Rousseau steigt knietief ins Wasser, ergreift das Pferd der Galley am Zaum, führt es durch das Wasser, und das andere folgt ohne Schwierigkeiten. Als er fortgehen will, bemerkt die Graffenried: *Nein, nein [...] so entkommt man uns nicht.* Als sie später auf dem Grundstück der abwesenden Mutter Galleys speisen, fehlt ihnen der Wein. Da entschlüpft Jean-Jacques *die einzige Galanterie, die er ihnen an dem Tag zu sagen wagte*: Die Frauen *haben keinen Wein nötig, um ihn trunken werden zu lassen.* Da sie keinen Kaffee zum Nachtisch haben, steigt er auf einen Kirschbaum und wirft ihnen Kirschen zu, und sie werfen die Kerne nach ihm. Dann fällt ein Kirschbündel in den Ausschnitt von Mademoiselle Galley. Gelächter. Zu sich selbst bemerkt Rousseau: *Sind denn meine Kirschen keine Lippen! Wie sonst würde ich sie ihnen von Herzen zuwerfen?* Die kleine Gesellschaft bleibt in einer völlig ungezwungenen *Dezenz.* Er küsst, als er mit der Galley allein ist, ihre Hand, *die sie sanft zurückzog, nachdem sie geküsst worden war, und sie schaute mich mit einem gar nicht irritierten Blick an. Ich weiß nicht, was ich ihr hätte sagen sollen: Ihre Freundin trat ein und erschien mir hässlich in diesem Augenblick.* Diese Mischung aus Rokoko, Romantik und dem Realismus exakter Erinnerung gehört zu den unvergesslichen Miniaturen der Glückserinnerung in den *Confessions.*[297]

Ein Jahr später, im Sommer 1731, kehrt Rousseau zu Fuß aus Paris nach Savoyen zurück. Er ist jetzt neunzehn Jahre alt. Das durchschnittliche Lebensalter beträgt zu dieser Zeit etwa 35 Jahre. In Buch IV der *Confessions* bereut er, dass er kein Reisetagebuch schrieb, sei es doch *das Gehen, das meine Vorstellungen beseelt und belebt: Ich vermag, an einen festen Ort gebunden, kaum zu denken; mein Körper muss sich bewegen, damit auch mein Geist sich bewegt.*[298] Von dem langen Marschieren hungrig und durstig, klopft er in der Umgebung von Lyon – einer Stadt, in welcher nach seinem Urteil die europaweit *grässlichste Korruption herrscht*[299] – bei einem eher ärmlich erscheinenden Bauernhaus an. Er meint hier jene selbstverständliche Gastfreundschaft zu finden wie in Genf und in der Schweiz, die jeden anklopfenden Fremden reichlich bewirtet. Der Bauer gibt ihm entrahmte Milch und Gerstenbrot. Das sei alles, was er habe. Doch Rousseau ist nicht gesättigt. Als der Bauer bemerkt, dass sein Gast ein unverdächtiger junger Mann ist, klappt er eine Art Geheimtür in seiner Küche auf und holt aus dem Keller Weizenbrot, Wein, Schinken und serviert ihm ein üppiges Omelette. Dann erfährt Rousseau den Hintergrund: Der absolutistische Staat besteuerte Wein und Lebensmittel, um die Verschwendung des Adels zu finanzieren. Auch wenn die Steuer nicht sehr hoch war, so wurde sie doch nur vom Dritten Stand erhoben, somit nicht von Adel und Klerus. Der Bauer bemerkt, *er wäre ein verlorener Mann, wenn man den Verdacht schöpfte, dass er nicht vor Hunger sterbe*[300]. Am Ende des 17. Jahrhunderts hatte Jean de La Bruyère in seinen «Les Caractères» bereits auf die Lage der Bauern in Frankreich aufmerksam gemacht, die «wilden Tieren» glichen und «anderen Menschen die Mühe ersparen, zu säen, zu arbeiten und zu ernten, um zu leben, und die es daher verdienen, keinen Mangel an dem Brot zu haben, das sie selbst gesät haben».[301] Rousseau setzt diesen Protest fort und bemerkt: *Das bildete den Keim jenes unauslöschlichen Hasses, der sich seither in meinem Herzen gegen die Kränkungen entwickelte, die das unglückliche Volk empfindet, und gegen seine Unterdrücker.*[302]

Durch dieses Erlebnis aus dem *Chimärenland* seiner Vorstellungen vertrieben, sucht Rousseau im Anschluss erneut nach dessen Spuren. Wie nämlich sieht es an jenem Fluss Lignon in der Nähe aus, an dessen Ufern Honoré d'Urfé seinen mythologisch-matriarchalisch konzipierten Schäferroman «L'Astrée» zu Beginn des 17. Jahrhunderts spielen ließ, den Rousseau als Kind zusammen mit seinem Vater gelesen hatte? Der Hinweis einer Gastwirtin, dass hier viel Eisen verhüttet werde, *beruhigte sogleich meine romaneske Neugierde*[303]. Rousseau versteht es, Mythologie und Moderne zu verbinden und auch wieder zu trennen.

Das Leben Rousseaus ist polyphon und weicht nicht nur von der beruflichen Karriere eines Juristen oder Mediziners, sondern auch vom Werdegang freier Autoren wie Voltaire oder Diderot erheblich ab. Was ihn von diesen unterscheidet, ist sein vollständiges Autodidaktentum, seine Erfahrungen der Obdachlosigkeit und der sozialen Abgründe, die er nur allzu genau kennt, aber nie als Ausgeschlossensein und Leid erlebt. Das ihm gern nachgesagte Ressentiment gegen die Gebildeten und die Mächtigen ist ihm fremd. «Ressentiment» bedeutete im 18. Jahrhundert auch noch «Wieder-Fühlen», das Aufleben eines früheren Gefühls. Erst später verengte und verschlechterte sich seine Bedeutung zu «Wieder-Fühlen einer Demütigung». Rousseaus *Confessions* sind das Dokument einer Kunst des «re-sentiment», des nicht wertenden Wiederauflebens vergangener Gefühle.

Rousseau ist Bürger in vielen Welten zugleich gewesen: Er ist, wie einst Demokrit in der Antike, Bürger des natürlichen Kosmos, den er als sinnvoll erlebt. Von der Île de Saint-Pierre im Bieler See, wo er sich 1765 aufhielt, ruderte er gern in Begleitung seines Hun-

des auf den See hinaus: *Oft überließ ich mein Boot den Lüften und dem Wasser und gab mich gegenstandslosen Träumereien hin, die, obwohl dumm, dafür nicht weniger angenehm waren. Ich rief manchmal ergriffen: O Natur, o meine Mutter, da bin ich unter deiner Aufsicht; hier gibt es keinen geschickten Schurken, der sich zwischen dich und mich stellt. Ich entfernte mich auf diese Weise eine halbe Meile vom Ufer; ich hätte gewollt, dass der See ein Ozean wäre.*[304]

Bürger der wissenschaftlichen Welt ist Rousseau ebenfalls. 1742, bei seinem ersten Paris-Aufenthalt, schlägt er der Pariser Akademie der Wissenschaften, dort eingeführt von dem berühmten Physiker René Réaumur, vor, die Notenschrift durch Zahlen zu ersetzen. Die Akademie lehnt seine Erfindung jedoch ab. Als Bürger dieser Welt verfasst er für die große «Encyclopédie» 1749 etwa 400 Artikel über Themen der Musik, aus denen 1764 ein *Dictionnaire de Musique* wird, und 1754 einen Artikel über die *Économie politique*. Auch als Botaniker und als Verfasser eines populären Lehrbuchs der Chemie (*Institutions chimiques*, 1745–1747, unvollendet, 1200 Seiten) zählt er zum Kreis der Wissenschaftler. Er, der Autodidakt, unfähig, sich jeglicher pädagogischen Autorität zu unterwerfen, entdeckt, was Wissenschaftler immer aus den Augen verlieren: *Obgleich der menschliche Geist nicht allen [Wissenschaften] zu genügen vermag und stets eine als die hauptsächliche vorziehen muss, so gilt dennoch: Wenn man keine Begriffe der anderen besitzt, so befindet man sich in der eigenen oft im Dunkel.*[305]

In den Jahren 1743 und 1744 ist Rousseau Bürger der diplomatischen Welt. Er betätigt sich als des Italienischen in Wort und Schrift mächtiger Botschaftssekretär eines ungebildeten und unfähigen französischen Botschafters in Venedig. Die Stadt ist für ihn ein dekadenter und korrupter, für die Beziehungen zwischen Österreich, Spanien und Frankreich jedoch wichtiger Brennpunkt. Seine wöchentlichen Depeschen aus Venedig nach Paris sind erhalten.

Er ist Bürger der künstlerischen Welt, komponiert und dichtet, verfasst einen der bedeutendsten Romane der Weltliteratur. In

Manuskriptseite Rousseaus mit seiner Zahlennotierung für Noten, die er 1742 der Akademie der Wissenschaften vorstellte. «Während meines Vortrags und meiner Aussprache mit diesen Herren überzeugte ich mich mit ebenso viel Gewissheit wie Überraschung, dass, wenn die Gelehrten auch manchmal weniger Vorurteile besitzen als die anderen Menschen, sie an denen, die sie haben, umso stärker festhalten.» (Confessions, OC I, S. 284)

Rousseau
als Botschafts-
sekretär
in Venedig,
um 1748

Paris ist er bekannt und befreundet unter anderen mit dem Dramenautor Pierre de Marivaux und später mit dem Komponisten Christoph Willibald Gluck.

Er ist Bürger in einer Welt der Erotik, von der Jugend bis zum Alter. Dafür stehen nicht nur die eben erwähnten jungen Frauen am Sommerbeginn 1730, nicht nur die Liebesbeziehung zu Madame de Warens, nicht nur die Leidenschaft für Sophie d'Houdetot, dafür steht auch sein Abenteuer mit der neunzehn Jahre älteren Suzanne-Françoise de Larnage auf einer Reise nach Montpellier. Der hypochondrische Rousseau wollte sich 1737 von einem *Polypen im Herzen* in Südfrankreich kurieren lassen und gab sich damals als Engländer mit dem Namen *Dudding* aus; die Liebesnächte mit der von ihrem Mann getrennt lebenden Madame de Larnage scheinen ihn ohne Medikamente von seiner Krankheit geheilt zu haben. Blieb ihm in der Beziehung zu Madame de Warens *stets ein Gefühl der Traurigkeit*, so war er bei dieser Frau *stolz, Mann zu sein, und glücklich und gab sich seinen Sinnen mit Freude und Zutrauen hin.* Ihr verdankt er es, *nicht zu sterben, ohne die Lust kennengelernt zu haben*.[306] Zuvor, 1728 in Turin, hatte sich jene in den *Confessions* als wortlos erotisches Einverständnis erzählte Begegnung mit einer Signora Basile – *eine extrem aufreizende Dunkelhaarige*, dennoch *bescheiden*[307] – ereignet, die Rousseau kurzzeitig aufgenommen hatte. Er findet sie in ihrem Gemach, kniet nieder, weiß aber nicht, dass sie ihn in einem Spiegel wahrnimmt. Sie, fünf oder sechs Jahre älter als der sechzehnjährige Jean-Jacques, bedeutet ihm, sich zu erheben, reicht ihm ihre Hand, die er mit *zwei glühenden Küssen* bedeckt; dann fühlt er bei dem zweiten Kuss *diese reizende Hand sich ein wenig gegen meine Lippen pressen*.[308] Als Bürger in der erotischen Welt erweist er sich auch in seinen Begegnungen mit den Kurtisanen Padoana und vor allem einer gewissen Zulietta in der damaligen Hauptstadt des Sexus, Venedig: *[…] so süßer Liebesgenuss […]. Ich genoss sie, aber ohne Reiz.* Dann entdeckt er einen Makel, *eine Brust ist ohne Warze.* Er ist irritiert, teilt es ihr mit. Sie (Zulietta, deren Identität nicht aufgeklärt wurde) erwidert: *Hänschen, lass die Frauen und studiere Mathematik [Zanetto, lascia le Donne, e studia matematica]*.[309]

Rousseau ist auch immer wieder Bürger der Adelswelt gewesen, er kannte die Duchesse de Pompadour, Madame d'Épinay stellte ihm die «Ermitage» zur Verfügung, der Fürst Louis-François de Conti hat ihn stets beschützt, und die Luxembourgs (Herzog Charles-François de Luxembourg ist seit 1757 Maréchal de France) haben ihn vor der Festnahme 1762 nach dem Verbot des *Émile* gerettet. Zuvor hatten sie seinen «Turm» in Mont-Louis bei Montmorency verglasen und mit einem Kamin ausstatten lassen. Zwar wandte er sich gegen die Tradition und die Existenz einer erblichen Aristokratie, sprach sich jedoch für eine gewählte Aristokratie aus: *Es ist die beste und natürlichste Ordnung, dass die Weisesten die Menge regieren, wenn man sicher ist, dass sie es zum allgemeinen Nutzen und nicht zu ihrem eigenen tun.*[310] Aufgenommen von dem Marquis René-Louis de Girardin, wird er in einem Pavillon neben dessen Schloss in Ermenonville sterben. Als er den Fürsten de Luxembourg umarmte, bemerkte er: *Ah, Herr Marschall, ich hasste die Großen, bevor ich Sie kannte, und ich hasse jene noch mehr, seitdem Sie mich deutlich spüren lassen, wie angenehm es jenen wäre, sich anbeten zu lassen [se faire adorer].*[311]

Er ist Bürger in einer Welt des Philosophierens gewesen, obwohl er selbst die «philosophes» in ihrer Selbstgefälligkeit bloßstellte und obwohl seine philosophischen Zeitgenossen seine Kulturkritik nicht verstanden und als Verrat an der Philosophie zu deuten sich anmaßten.

Schließlich ist er Bürger eines bürgerlichen Lebens gewesen, denn er blieb von 1745 bis zu seinem Tod mit Thérèse Levasseur verbunden. Sie war neun Jahre jünger als er und starb 1801, 23 Jahre nach ihm. 1768 heiratete er sie. Ach, Thérèse, das Objekt der allgemeinen Verachtung durch die Intellektuellen! Ausgerechnet Voltaire, der ihr nie begegnet ist, spricht über sie in Ausdrücken, die aus der Hexenverfolgung stammen könnten: Sie sei eine «widerwärtige und höllische Hexe». Man verlacht sie, weil sie – in einer Zeit des allgemeinen Analphabetentums – die vertrackte französische Rechtschreibung nicht beherrscht: «Mon quer a tousgour etés pour vous e quies ne changeraes gamès» («Mon coeur a toujours été pour vous et qui ne changera jamais» – «Mein Herz ist immer für Euch gewesen und wird sich niemals ändern»), schreibt sie Rousseau 1762.[312] Warum fiel seine Wahl auf sie? Er habe *niemals den geringsten Funken Liebe für sie verspürt*, es gehe um *Geschlechtlichkeit*, die *nichts für das Individuum Spezifisches hat*.[313] Nur Sex also? Keineswegs. In Buch IX der *Confessions* erfahren wir, dass sie an die Stelle von Madame de Warens tritt, dass sie einen *sanften Charakter* hat, dass sie als Wäscherin ihre verarmten Eltern ernähren muss, und schließlich: *Ich habe den Tag, der mich mit meiner Thérèse vereinte, stets als den Tag betrachtet, der meinem moralischen Sein Halt gab [qui fixa mon être moral].*[314]

All dies war Rousseau – Bürger des Kosmos, der Wissenschaften, der Diplomatie, der Künste, der Erotik, der Aristokratie, der Philosophie, des bürgerlichen Lebens – zugleich oder nacheinander, und er war all dies zugleich nicht, weil er Unterwerfung nicht ertrug. In Buch XII der *Confessions* gibt Rousseau eine entwaffnende, in ihrer durchdachten Unmittelbarkeit vielleicht unübertreffliche Begründung, weshalb er nirgendwo auf Dauer Bürger zu

sein vermochte: *In einer Gesellschaft ist es grausam für mich, nichts zu tun, weil ich dazu gezwungen bin. Ich muss dort bleiben, auf einen Stuhl genagelt oder in den Boden gerammt wie ein Zeltpflock, ohne ein Glied zu rühren, darf nicht wagen, zu laufen, zu hüpfen, zu rufen, zu gestikulieren, wenn ich dazu Lust habe, darf nicht einmal träumen. [...] Die Untätigkeit, die ich liebe, ist nicht die eines Faulenzers, der auf einer Stelle bleibt. [...] Ich liebe es, Nichtiges zu tun, hundert Dinge zu beginnen und keines zu beenden, zu kommen und zu gehen, wie mein Kopf es mir vorsingt, jeden Augenblick das Projekt zu ändern, einer Fliege zu folgen in all ihren Bewegungen, einen Felsbrocken umdrehen zu wollen, um zu sehen, was darunter ist, mit Inbrunst eine Arbeit von zehn Jahren zu beginnen und sie reumütig nach zehn Minuten aufzugeben, einen ganzen Tag zu verträumen ohne Ordnung und Folge und in allem nur der Laune des Augenblicks zu folgen.*[315]

Dieser und vielen anderen Bemerkungen sieht man es nicht an, dass ihn offenbar beständig ein Leiden heimsucht, welches er in seinem Testament von 1773 auf eine diagnostizierte Prostata-vergrößerung zurückführt, ein Harnstau, der zu einem *kontinu-ierlichen Bedürfnis* nach Entleerung der Blase wird, das *ich niemals wirklich befriedigen kann.*[316]

Die Teufelsbrücke in der Schöllenenschlucht, 1777. Dieses Dokument der erhabenen Gebirgslandschaft der Alpen von Caspar Wolf passt zu Rousseaus Vorliebe für eine Landschaft: «Man weiß übrigens bereits, was ich unter einer schönen Landschaft verstehe. Niemals erschien mir, wie schön es auch immer sein möge, ein Flachland so. Ich brauche Sturzbäche, Felsen, Tannen, schwarze Wälder, Gebirge, mühsam zu ersteigende Wege, Abgründe neben mir, die mich erschrecken.» (Confessions, OC I, S. 172)

Doch Rousseau wurde nicht nur von seiner Krankheit geplagt, sondern auch von Versuchen der Verfolgung in der Schweiz. Angestiftet von dem kalvinistischen Pastor Frédéric-Guillaume de Montmollin, werfen 1765 Bürger Steine gegen seine Fenster in Môtiers. Als er sich auf die Île de Saint-Pierre begibt, verbietet ihm die Regierung von Bern den dortigen Aufenthalt. So nimmt er das Angebot von David Hume an, im Januar 1766 nach England zu reisen.

Die Zeit von Januar 1766 bis Mai 1767 verbringt Rousseau in England, Thérèse begleitet ihn, die ihn mit jenem James Boswell betrügt, der ihn 1763 in Môtiers besucht hatte und später durch seine Biographie von Samuel Johnson berühmt werden wird. Auch sein Hund «Sultan» kommt mit, für den eine hübsche englische Schäferin namens Mary Dewes ein Halsband häkelt. Auch andere Annehmlichkeiten sind zu vermerken: Er wird von dem Maler Allan Ramsay in seinem «armenischen» Gewand mit Pelzmütze porträtiert, akzeptiert von König Georg III. eine jährliche Pension von 100 Pfund Sterling, arbeitet an den ersten Büchern seiner *Confessions* und seinem *Dictionnaire de musique*, findet Gefallen an der englischen Landschaft in Wootton Hall und korrespondiert von dieser Zeit an zehn Jahre lang mit der Herzogin von Portland über Botanik, aber auch über politische Verschwörungen.

England, so dachte der damals bereits berühmte David Hume, könnte ein Asyl für Rousseau sein, doch der Aufenthalt erwies sich teilweise als Qual für diesen. Rousseau las Englisch mit Mühe, sprechen konnte er es aber nicht. Hume schrieb ihm ausschließlich englische Briefe, doch sie sprachen Französisch miteinander. In seinen autobiographischen Schriften äußert sich Rousseau nicht über diese Zeit. In der Regel wird sie in einer Perspektive gesehen, in der Rousseau als psychisch Gestörter agiert. Das ist wenig hilfreich, denn diese Sichtweise stammt von Rousseaus Gegnern Voltaire, d'Alembert, Diderot, Grimm und d'Holbach. Dass Hume, den Rousseau beschuldigte, er habe ihn hinterlistig in England ausspionieren und der öffentlichen Lächerlichkeit preisgeben wollen, am 27. Juni und 1. Juli 1766 an d'Holbach Briefe mit vermutlich äußerst negativem Inhalt gegen Rousseau schrieb, die d'Holbach auf der Stelle verbrannte, könnte einer neuen Version eines Komplotts gegen Rousseau Nahrung geben. Zweierlei darf jedoch als sicher angenommen werden: Weder war Rousseau wahnsinnig, noch existierte eine Verschwörung gegen ihn. Tatsache war dagegen der Wunsch seiner französischen Gegner, Rousseau möge endlich den Verstand verlieren. Der seit der Verdammung des *Émile* ins Exil getriebene und mit Schmähschriften überzogene Rousseau war jedenfalls zunehmend davon überzeugt, dass gegen ihn ein Komplott geschmiedet würde. Über Calais und Amiens kehrt er schließlich im Mai 1767 unter dem Pseudonym «Renou» und mit Thérèse, die als seine Schwester ausgegeben wird, nach Frankreich zurück und findet Zuflucht in dem abgeschiedenen Trye-le-Château, beschützt von jenem treuen Fürsten Conti.[317]

In den folgenden Jahren besucht er das Grab von Madame de

Warens in Chambéry; gegen ihn protestieren in Grenoble Schüler, die von einem Priester aufgehetzt werden. Er fühlt sich krank, entdeckt in dieser Zeit mit Schrecken jene oben bezeichnete Lücke in seiner Korrespondenz, die ihn, wie er glaubt, in eine Beziehung mit dem Attentat auf Ludwig XV. bringen könnte. Er denkt daran, nach Griechenland, Zypern oder wieder nach England auszuwandern. Abgesehen von neuen Begegnungen und Freundschaften – so 1770 mit dem Fürsten von Ligne in Paris, Bernardin de Saint-Pierre und Carlo Goldoni 1771, mit dem deutschen Komponisten Christoph Willibald Gluck 1774 –, setzt er sich in seinem *Rousseau juge de Jean-Jacques* unter einen immensen Rechtfertigungsdruck für sein Leben und Schreiben. 1775 gärt es politisch in Frankreich. Infolge gestiegener Brotpreise kommt es zu Revolten in Dijon, Pontoise, Versailles und Paris. Rousseau hatte bereits 1762 im *Émile* die Unausweichlichkeit einer politischen Revolution ausgesprochen. 1776 versucht er vergeblich, das Manuskript von *Rousseau juge de Jean-Jacques* auf den Altar von Notre-Dame zu legen.

Im April desselben Jahres verfasst Rousseau ein Flugblatt an alle Franzosen, die noch Gerechtigkeit und Wahrheit lieben, das er erfolglos in Paris an die Bevölkerung zu verteilen sucht. In ihm fordert er die Bürger auf, *dass man mir endlich mitteilt, was meine Verbrechen sind und wie und von wem ich verurteilt wurde*[318].

Findet sich in Rousseaus Lage gleichsam vorweggenommen, was im 20. Jahrhundert der Romanfigur in Franz Kafkas «Der Prozeß» zustoßen wird, nämlich eine Verwicklung in ein unaufklärbares Gerichtsverfahren, so reicht seine letzte Schrift, die er 1776 begann und bei seinem Tod 1778 unvollendet hinterließ, noch wesentlich weiter. Es handelt sich um *Les Rêveries du promeneur solitaire*. Jetzt nämlich verzichtet er auf jegliche Rechtfertigung und konstatiert stattdessen die *Diffamierung, die Erniedrigung, den Spott, die Schande, mit denen sie*

«Rêverie» («Träumerei») bedeutete in der Renaissance «Unvernunft», im 16. Jahrhundert «tiefes Nachdenken» und später auch «Unordnung der Gedanken». In Rousseaus letzter, 1776 begonnener und bis zu seinem Tod 1778 nicht mehr abgeschlossenen Schrift, den «Les Rêveries du promeneur solitaire», klingen alle drei Bedeutungen an. Doch das Ziel seiner Träumereien ist nicht das Träumen, sondern das Verlöschen der Träumereien zugunsten eines ebenso natürlichen wie umfassenden Daseinsgefühls, das allen sozialen Relativierungen entzogen bleibt.

*mich bedacht haben*[319]. Und er entdeckt etwas Neues: Die Verfolgungen lassen *keinen Spielraum mehr für Verstärkung.* Sie haben *derartig das Maß meines Elends voll werden lassen, dass alle Menschenmacht, unterstützt von allen Listen der Hölle, nichts mehr hinzuzufügen verstünde.* [320] Bei einem geringeren Autor als Rousseau wäre zu erwarten, dass jetzt ein endloser Katalog der Klagen und Anklagen, der Schmerzensrufe und der Verzweiflung folgt. Doch bei Rousseau geschieht etwas anderes: *Diese Verzückungen, diese Ekstasen, die ich manchmal empfand, indem ich allein spazieren ging, waren Genüsse, die ich meinen Verfolgern schulde: Ohne sie hätte ich diese Schätze weder jemals gefunden noch die gesucht, die ich in mir trug.*[321]

Die Deutung dieser Wendung hat sich bis heute im Wesentlichen auf Biographisches beschränkt, sie sollte daher ergänzt werden um die Bemerkung, dass Rousseau hier eine neuzeitliche Reaktion auf die Erschütterung der Sicherheit fortsetzt. Miguel de Cervantes hatte seinen Don Quijotte gegen eine beständig verzauberte Welt kämpfen lassen. René Descartes hatte die Annahme eines mächtigen und bösartigen Geistes eingeführt («genius malignus»), der mich beständig täuscht. Diese Macht, so argumentiert Descartes, setzt voraus, dass ich in diesem Fall existieren müsse und dass selbst der Böse genau dies nicht zu ändern vermag.[322] Rousseau steht in ebendieser Tradition. Sein Bewusstsein der Verfolgung, Diffamierung und Täuschung führt dazu, dass eine Grenze der Nachstellung entdeckt wird. Wo liegt sie? Hätte Rousseau sich darauf beschränkt, sie in Beschreibungen von *Verzückungen*, von *Ekstasen*, von *Ruhemomenten* anzugeben, so läge in der Tat eine vollständige Subjektivierung vor. Doch eben darauf beschränkt sich Rousseau nicht.

Während der Abfassung der *Rêveries* zwischen September 1776 und Februar 1778 geschieht nicht viel Außergewöhnliches. Am 24. Oktober 1776 wird Rousseau von einem Hund während eines Spaziergangs in der Nähe von Paris umgerissen und leicht verletzt. In Paris zirkuliert sogleich das Gerücht, er sei tot.

Rousseau verwendet in seinen *Rêveries* eine dreifache Sprache für jene Grenze der Nachstellung. Es ist die Sprache der Gnosis (die Welt als Spaltung von Licht und Finsternis), die Sprache der Metaphysik und die Sprache der Sicherheit von Descartes, erweitert um das Motiv der wiedergefundenen Natürlichkeit. Die Sprache

der Gnosis enthält die Metapher des Gefallen- oder Geworfen-
seins, die später Martin Heidegger oder Jean-Paul Sartre wieder-
finden werden: *Ich bin auf der Erde wie auf einem fremden Planeten,
auf den ich von jenem gefallen bin, wo ich gewohnt habe.*[323] Die Sprache
der Metaphysik beschwört in diesem Kontext dasjenige Sein, das
keines anderen bedarf, um zu bestehen, das heißt die Gottheit:
*Solange dieser Zustand dauert, genügt man sich selbst wie Gott.*[324] Die
Sprache der Sicherheit im Anschluss an Descartes enthält jene
berühmte Schilderung im Fünften Spaziergang. Am abendlichen
Ufer des Bieler Sees geschieht es: *Das Hin- und Herfließen des Was-
sers, sein gleichmäßiges Geräusch, zugleich in Intervallen anschwellend
und mein Ohr und meine Augen ohne Unterlass erreichend, ersetzte die
inneren Bewegungen, sodass die Träumerei in mir erlosch und genügte,
um mich mit Lust meine eigene Existenz fühlen zu lassen, ohne mir die
Mühe des Denkens zu machen.*[325] Auch Descartes begann mit dem
Bewusstsein, dass er existiert, sofern ein böser Dämon ihm mit
Täuschungen nachstellt. Das Wissen der eigenen Existenz steht
am Anfang, das Denken kommt erst hinzu. Wenn ich denke, dann
muss ich auch existieren. Aber wenn ich existiere, dann muss ich
nicht auch denken. Rousseau gelangt zu einer Daseinserfahrung,
die für Augenblicke sich von Akten des Denkens löst. Er befindet
sich in einem lustvollen Zustand jenseits der Nachstellungen, die
aus einer entfremdeten Kultur kommen, und findet zu einer Natürlichkeit, deren Garant das gefühlte eigene Dasein ist. Die Träumereien gelangen an ihr unabsehbares Ziel, das heißt, sie werden
überflüssig und weichen dem reinen Existenzgefühl.

Die *Rêveries du promeneur solitaire* resultieren aus dem sich entwickelnden Selbstverständnis Rousseaus. Bereits im Januar 1762
hatte er an Chrétien Guillaume de Lamoignon de Malesherbes geschrieben – der für das Zensurwesen zuständig war und in einem
Doppelspiel Rousseau beschützte, die Publikation des *Émile* und
des *Contrat social* ermöglichte, die Verurteilung des *Émile* durch das
Pariser Parlament jedoch nicht verhindern konnte –, das Bedeut-
samste für ihn seien seine *einsamen Spaziergänge*. Im dritten Brief
an Malesherbes kommt noch ein in den *Rêveries* nicht mehr deut-
liches Motiv zur Geltung: *Dann, das Bewusstsein verloren in dieser
Unermesslichkeit, dachte ich nicht, reflektierte nicht, philosophierte nicht
[…] ich ging unter im Universum.* Er spricht von einer *betäubenden*

*Ekstase* und ruft manchmal: *O großes Sein, o großes Sein, ohne dass ich mehr hätte zu sagen oder zu denken vermochte.*[326]

Wenn diese Bemerkungen an die Ansprüche einer Philosophie des «Seins» bei Karl Jaspers oder Heidegger erinnern mögen, so darf nicht vergessen werden, dass sie als Fortsetzung der von Descartes beanspruchten Sicherheit gegenüber der kosmischen Unsicherheit des Menschen gemeint waren. Sie spielen zugleich versteckt auf Blaise Pascal an, der gegen Descartes wiederum unsere kosmische Verlorenheit ins Spiel gebracht hatte mit seinem Satz: «Das ewige Schweigen dieser unendlichen Räume erschreckt mich.»[327] Rousseau gesteht eine kosmische Entgrenzung seines Ich zu, findet darin aber keine Entfremdung, da diese allein unser Dasein in der Gesellschaft betrifft. Rousseau mag hier an die Stoiker und ihre Bejahung des Alls erinnern. Der Unterschied liegt indes darin, dass diese die Möglichkeit unseres grundlegenden Getäuschtwerdens noch nicht kannten.

Am 30. Mai 1778 stirbt, in einer Apotheose seines Ruhms, Voltaire in Paris. *Mein Dasein war an seines gebunden: Er ist tot, ich werde nicht zögern, ihm zu folgen.*[328] Dies bemerkt Rousseau zum Marquis René-Louis de Girardin in Ermenonville nordöstlich von Paris. 33 Tage später, am 2. Juli, wird es so weit sein. Doch die Zeit in Ermenonville – 43 Tage, Rousseau reist am 20. Mai allein und heimlich nach Ermenonville, wo er nach Girardins Aufforderung seinen Lebensabend verbringen sollte, Thérèse kommt am 26. mit dem Hausrat nach – war ein würdiger, allseitig harmonischer Abschluss eines dissonanten Lebens.

Der Marquis de Girardin hatte den ersten englischen Garten in Frankreich anlegen lassen, einen Teich mit einer Pappelinsel, Kaskaden, einen Tempel der Philosophie, absichtlich unvollendet, neben Descartes, Newton, Montesquieu, William Penn und Voltaire auch Rousseau gewidmet. Lateinische Inschriften ordnen

«Natur» steht bei Rousseau für zweierlei: für die glückliche Einheit und Gleichheit aller Menschen im Eingefügtsein in ihre Umwelt vor der Vergesellschaftung einerseits und dem Verlust dieser glücklich-unbewussten Gattungseinheit andererseits. Die Folgen dieses Verlusts liegen in einer unumkehrbaren Verschlechterung der Gattungssituation der Menschen und des lediglich individuell erreichbaren Glücks im Gefühl der Einheit mit dem, was ist.

Voltaire dem «Ridiculum», dem Satirisch-Lächerlichen, und Rousseau «Naturam», der Natur, zu. Die gesamte Parkanlage folgte Angaben in der *Nouvelle Héloïse*, und Girardin versuchte seine Kinder gemäß dem *Émile* zu erziehen.

Rousseau und der zwölfjährige zweite Sohn Girardins befreunden sich, der ältesten Tochter erteilt er Gesangsunterricht. Er steht bei Sonnenaufgang auf und unternimmt weite Spaziergänge in der lieblichen Hügellandschaft. Als er bei einer Bootsfahrt mit der Familie Girardin das Ruder übernimmt, ernennen ihn die Girardins zu «unserem Süßwasser-Admiral». Versteckte Musiker spielen zu seiner Überraschung am Ufer Melodien seiner erfolgreichen Oper *Le Devin du village*. Am Abend singt er, sich selbst am Klavier begleitend, die «Romanze der Weide», welche der in der Revolution später bedeutende Theoretiker Alexandre Deleyre eigens für ihn zu Shakespeares «Othello» komponiert hatte, die einzige, indirekte Berührung Rousseaus mit Shakespeare. Auch eine

Der absichtlich unvollendete Tempel der Philosophie im Park von Ermenonville. Foto von 2009

Der Kenotaph Rousseaus auf der Pappelinsel mit dem Schloss im Hintergrund. In der Tat passte dieser Ort eher, wie der Marquis de Girardin bemerkte, zu Rousseaus kosmischem Einheitsgefühl als die lichtlose Gruft im Panthéon von Paris. Foto von 2009

letzte Reminiszenz an längst Vergangenes erreicht ihn im idyllischen Ermenonville: Von einem Augenzeugen des Erdbebens in Lissabon 1755 hört er mit großer Bewegung einen Bericht.

In dem für ihn und Thérèse errichteten Pavillon neben dem Schloss stirbt er am 2. Juli 1778; wie die Autopsie ergibt, an einem Schlaganfall. Der Bildhauer Jean-Antoine Houdon nimmt eine Totenmaske ab, Girardin lässt den Leichnam einbalsamieren. Bei Fackelschein wird um 23 Uhr des 4. Juli der Bleisarg auf der Pappelinsel im Park von Ermenonville in einem provisorischen Grab beigesetzt. Später wurde dort ein gemauerter Kenotaph errichtet.

# Weiterwirken

Kursierten bereits vor Rousseaus Tod Gerüchte über sein Ende, so blieb es nicht aus, dass über einen Selbstmord spekuliert wurde. Dies glaubte auch Germaine Necker, die spätere Madame de Staël. Rousseau hatte in einem Brief an Thérèse 1769 betont: *Falls irgendein Unfall meinem Lebenslauf ein Ende setzen soll, so seid versichert, dass, was man auch darüber sagen mag, mein Wille daran nicht den geringsten Anteil haben wird.*[329] Bald nach Rousseaus Tod wurde Ermenonville zu einer Art Wallfahrtsort, und eine Rousseau-Industrie entstand. Der Marquis de Girardin lieferte in seiner Grabinschrift das Stichwort mit der Formulierung «dieser göttliche Mensch, der ganz Empfindung war». Bereits im Juni 1780 reiste Marie Antoinette mit der gesamten königlichen Familie (nur Ludwig XVI. fehlte) nach Ermenonville. Andere Prominente wie Gustav III. von Schweden, Joseph II. von Österreich, der Diplomat Charles-Joseph Fürst von Ligne und die Revolutionspolitikerin Madame Roland folgten. Als sich dort 1791 ein junger Mann aus Liebeskummer tötete und begraben sein wollte, «wo der berühmte Rousseau ruht», machte ihn die Rousseau-Industrie zu einem Sohn Rousseaus, das heißt zu einem jener von ihm im Findelhaus abgegebenen Kinder. War zu dieser Zeit die Pappelinsel noch immer ein aktuell politisch besetzter Ort, so leitete Napoleons Besuch 1801 die Distanzierung von Rousseau ein. Eine nicht gesicherte Äußerung des Ersten Konsuls Napoleon gegenüber Girardin besagt: «Es wäre besser gewesen für das Wohl Frankreichs, wenn dieser Mensch nicht existiert hätte [...]. Die Zukunft wird zeigen, ob es für die Ruhe der Erde nicht besser gewesen wäre, wenn weder Rousseau noch ich existiert hätten.»[330] Im 19. Jahrhundert wandelte sich die Szene. Der Romantiker Gérard de Nerval bemerkt am Epitaph Rousseaus in Ermenonville: «Wir haben deine Lektionen vergessen, die unsere Väter kannten, und wir haben den Sinn deines Wortes verloren, das letzte Echo antiker Weisheiten.»[331]

Am 11. Oktober 1794, zweieinhalb Monate nach dem Sturz Robespierres, wurden die Gebeine Rousseaus von Ermenonville

Die Überführung der sterblichen Überreste Rousseaus in das Pariser Panthéon am 11. Oktober 1794. Tuschzeichnung von Abraham Girardet

nach Paris in das Panthéon überführt, wo der Sarg Voltaires schon seit 1791 stand. Die Ansprache des Präsidenten des Nationalkonvents bei diesem Anlass belegt, dass Rousseaus Bedeutung als Vorbereiter der Revolution zu dieser Zeit noch ungebrochen war: «Rousseau verdanken wir diese heilsame Wiedergeburt [...] er sah die Völker auf den Knien, gekrümmt unter den Szeptern und den Kronen; er wagte die Worte ‹Gleichheit› und ‹Freiheit› auszusprechen.»[332] Noch heute werden im Panthéon die Särge der beiden großen Widersacher Voltaire und Rousseau gezeigt, die fast zur gleichen Zeit starben. Seit 1814 kursierte das Gerücht, die Überreste beider Männer seien von reaktionär-monarchistischen Kräften aus dem Panthéon entwendet und heimlich auf einem Müllplatz verscharrt worden. Diese Fama führte am Ende des 19. Jahrhunderts zu einer Überprüfung. Sie ergab, dass die Särge die Überreste jener beiden Männer enthielten, die die Geschichte verändert haben.

Der Marquis de Girardin lehnte allerdings die Überführung

Der Marquis de Girardin unter einer Rousseau-Büste, die in den Himmel ragt und fast Züge einer Gottheit annimmt. Porträt, vermutlich von Jean-Baptiste Greuze, spätes 18. Jahrhundert

des Sarges in das Panthéon mit Gründen ab, die Rousseaus Vermächtnis entsprachen. Man dürfe ihn nicht «der Klarheit des Himmels entreißen», um ihn in «finsteren Gemäuern» unterzubringen, die nur an den «Tod» zu erinnern vermögen, schrieb er 1791 an den Präsidenten der Nationalversammlung.[333]

Die Pappelinsel mit dem leeren Sarg wurde vielfach in Europa nachgestellt, eine dieser Nachahmungen existiert heute noch im Park von Wörlitz. Auch in Genf wurde Rousseau eine Statue errichtet. Sie erfüllt zwei historisch nicht unpassende Bedingungen: Der mit Abstand berühmteste aller in Genf Geborenen blickt an dieser Stadt vorbei. Es scheint, dass Genf es so wollte und wollte, dass er es wollte.[334]

Rousseau inspirierte Politik, Kulturkritik und die europäische Romantik. Seine Folgen für die Politik sind umstritten und umkämpft. Am 18. Floréal des Jahres II (7. Mai 1794), knapp drei Monate vor seinem Sturz, hielt Robespierre vor dem Wohlfahrtsausschuss eine große Rede über die Möglichkeiten, Achtung zwischen den Menschen zu erzeugen. Bei dieser Gelegenheit spendete er Rousseau das umfassendste Lob, das die Revolution ihm jemals gezollt hat. Robespierre nannte Rousseaus Namen nicht, denn jeder wusste, von wem die Rede war. Robespierre wünschte sich: «Ah, wäre er doch Zeuge dieser Revolution gewesen, deren Vorläufer er war und die ihn in das Panthéon brachte [die Überführung war zu dieser Zeit nur beschlossen], wer könnte daran zweifeln, dass seine großzügige Seele die Sache der Gerechtigkeit und Gleichheit emphatisch bejaht hätte!» Rousseau habe «sich würdig erwiesen für das Amt des Erziehers des Menschengeschlechts». Grund: «Er griff offen die Tyrannei an, er sprach mit Enthusiasmus von der Gottheit» und «malte mit Flammenzügen die Reize der Tugend».[335] Das heißt nicht, dass Rousseau ein Vorläufer der Revolution war, dass er die Revolution der Jakobiner befürwortete und Alleinherrschaft sowie Liberalismus nach englischem Muster ablehnte. Robespierres Rede belegt lediglich, dass die jakobinische Revolution Rousseau zu ihrem entscheidenden Vorläufer erklärte. Daraus hat man früh eine Anklage entstehen lassen: Rousseau verantworte dann auch den Terror, er verantworte das Meer von Blut, das die Jakobiner vergossen. «Der Mehrheit eine unbegrenzte Autorität zugestehen», schrieb Benjamin Constant 1806, «bedeutet, dem Volk massenweise den Holocaust des Volkes zu gestatten.» Persönlichkeitsrechte müssten geschützt bleiben, und Constant war der Ansicht, dass Rousseau keine Abwehrrechte des Einzelnen gegen den Staat vorgesehen habe. Die *volonté générale* übernimmt Constant jedoch von Rousseau. Es gehe darum, den Gemeinwillen nicht totalitär werden zu lassen, was bei Rousseau geschehe. Bertrand Russells Satz von 1945: «In unserer Zeit war Hitler eine Folgeerscheinung Rousseaus», setzt diese Ansicht ins Absurde hinein fort. Zugleich hindert dies die angelsächsische Forschung nicht, noch immer eine Kausalität zwischen Rousseau und der Guillotine herzustellen. Der Nationalsozialismus benötigte eine Fehlübersetzung, um Rousseau für sich zu vereinnahmen. So wird bei Paul Sakmann 1935 aus Rousseaus politischem Körper als *corps organisé* (*organisiertem Körper*) ein «organischer Körper», und aus der Verschiedenheit von Beratung und Gemeinwillen wird die Einheit von Herrschenden und Gemeinwillen.[336]

Was Rousseau eng mit dem Jakobinismus der Jahre 1793 und

Rousseau-Büste von François Martin aus der Revolutionszeit. Sie zeigt einen Rousseau, wie wir ihn von keiner Abbildung zu seinen Lebzeiten her kennen: Alle Schüchternheit im Umgang mit Menschen ist dem Ausdruck der Verwegenheit gewichen.

1794 verbindet, ist der 1794 gescheiterte Versuch, Staat und Gesellschaft auf keinen Fall auf die Basis kapitalistischer Wirtschaft zu stellen, sondern ihr Wertungen vorzuordnen, die mit Geld, Finanzwirtschaft und Kapitalbildung nichts zu tun haben, sondern genuin ethisch-moralischer Art sind.

Nach 1945 wurde Rousseau verallgemeinernd als Vorbereiter des Totalitarismus verstanden. Diese Ansicht widerlegen inzwischen zahlreiche Studien; sie lassen plausibel werden, dass Rousseau einen Gesetzesstaat konzipierte, der Individualität und ihre Entfaltung garantieren sollte.[337]

Der traditionellen These, dass Rousseaus Aufklärung die Revolution geschaffen habe, wird auch die Umkehrung entgegengesetzt, dass erst die Revolution die Aufklärung geschaffen habe. Der berühmte Abbé Sieyès bemerkte in diesem Sinn: «Erst die Revolution hat uns den *Contrat social* erklärt.» Nun gilt stets, dass laufende Ereignisse sich nicht so verstehen und kommentieren lassen, wie es spätere Zeiten vermögen. So grundlegende Periodisierungen wie «Mittelalter» oder «Renaissance» wurden beispielsweise erst in späterer Zeit möglich. So gesehen, hat auch die

Revolution erst die Aufklärung geschaffen. Paradox formuliert, müsste es vollständig heißen: Aufklärung und Revolution haben einander wechselseitig erschaffen. Die Aufklärung und vor allem Rousseau waren Ideengeber der Revolution, und diese war Interpret des Ideenguts beider.[338]

Indes gab es während der Revolution nicht nur einen jakobinischen, sondern auch einen gegenrevolutionären Rousseauismus. Seine Vertreter hielten vor allem das von der Nationalversammlung beanspruchte Prinzip der Repräsentation mit Rousseau unvereinbar, denn dieser hatte politische Repräsentation teils abgelehnt, teils mit einem imperativischen Mandat verknüpft. Noch 1816 verwirft ein Politiker der Restauration, Pierre Paul Royer-Collard, die Vorstellung der «Repräsentation» als unangemessene Metapher für die Monarchie.[339]

Anders verhält es sich, wenn Rousseau aus der von Robespierre gewählten Sichtweise herausgenommen und im Hinblick auf die von ihm befürwortete Gesellschaft bewertet wird, das heißt auf ein überschaubares Staatsvolk, dessen Produktionsweise einer Bedingung genügt, nämlich der, die fatale Herstellung sozialer Ungleichheit zu verlangsamen, die freilich nicht aufgehalten werden kann.[340] In diesem Fall ist Rousseau ein «konservativer» politischer Denker. Wie verhält es sich damit? Iring Fetscher verdanken wir die bedenkenswerte Bemerkung: «Wenn man die konstruktivistischen Elemente bei Rousseau eliminiert, kommt man zum rein konservativen Denken, wenn man sie steigert, zum sozialistischen.»[341] Der Konservativismus folgt dabei einem Pessimismus der Kulturentwicklung, während der Sozialismus die Überzeugung bedeutet, dass sich die bisherigen Gefahren abwenden lassen, wenn eine egalitäre oder zumindest homogene Gesellschaft eingerichtet wird. Trotz aller Kontroversen und Paradoxien (konterrevolutionäre Berufung auf Rousseau) ist jedoch nicht zu verkennen, dass Rousseau mehr Spuren als nur die genannten in der Revolution hinterließ. Vielmehr trägt jene berühmte, vom Volk akzeptierte, aber infolge der instabilen Lage nicht in Kraft getretene Verfassung von 1793 in vieler Hinsicht Züge dessen, was Rousseau angestrebt hatte: Primat der Volksmacht, Wirtschaft gegen die Verelendung, gleiche, allgemeine staatliche Erziehung freier Menschen und eine Zivilreligion.

Rousseau unterscheidet sich von fast allen Autoren nach ihm durch seine Erfahrungen der sozialen Not und Obdachlosigkeit, durch das radikale Autodidaktentum, durch die Offenheit der Darstellung sexuell-erotischer Erlebnisse, durch den internationalen Ruhm zu Lebzeiten, durch seine außerordentliche Kompetenz in Praxis und Theorie der Musik und schließlich durch den selbstverständlichen Umgang mit dem Hochadel. Kein bedeutender Autor in späterer Zeit kann vergleichbare Erfahrungen vorweisen. Seine Wirkung auf die produktiven Geister nach ihm ist vierfach: erstens offene Ablehnung (wie etwa bei John Adams oder dem Romantiker Alphonse de Lamartine), zweitens scheinbare Ablehnung und faktische Bestätigung (wie Karl Marx mit seiner bereits von Rousseau formulierten Kritik, dass Rechtsgleichheit noch immer eine Ausbeutungsgesellschaft verdecken kann, oder die von Nietzsche unbemerkt bestätigte Gleichung von Tugend als Stärke). Ein dritter Typus bejaht Rousseau scheinbar emphatisch, läuft in Wirklichkeit aber auf Abweichungen oder das Gegenteil hinaus. Dies hat Kant vorgemacht, indem er die vor-moralische Güte des natürlichen Menschen durch unsere moralische Bösartigkeit ersetzen wollte. Der vierte Typ ist die weitgehende Anerkennung Rousseaus. Sie geschieht, neben Arthur Schopenhauers Bekenntnis zu Rousseau, ebenso unmerklich wie nachhaltig bei Goethe: Von Rousseau getragen, wenn nicht beeinflusst, wird Goethes Festhalten an der natürlichen Abwesenheit von Bösartigkeit der Menschen, an der natürlichen Religion, an dem Lob der produktiven Einsamkeit, an dem Motiv des Wunsches nach bleibenden Glücksmomenten, an einer Gesellschaft freier Menschen, an einer Fortdauer des Lebens nach dem Tod. Auch jener Ekel Fausts vor einer Zivilisation des wissenschaftlichen Fortschritts erinnert an Rousseaus Zivilisationskritik.

Bis zu welchem Ausmaß eine Verbindung von Konterrevolution und Romantik sich politisch im 19. Jahrhundert versteigen konnte, zeigt Lamartine mit seiner Schrift «J.-J. Rousseau. Son faux contrat social» von 1857/58. Ähnlich wie später bei Nietzsche wird hier behauptet, Rousseau habe aus Zorn «gegen die höheren Ränge der Gesellschaft» geschrieben, er habe zwar das Verdienst, das «Gefühl» in die französische Dichtung eingeführt zu haben, doch sein Gemeinwesen sei einzig für sterbliche Menschen konzipiert. Der «wahre Sozialvertrag» sei stattdessen «zwischen dem Menschen und Gott» geknüpft und verbürge uns «die Unsterblichkeit», während es unter Menschen immer nur um Revolten «aller gegen alle» gehe.

Anders hatte man zuvor in den neugegründeten Vereinigten Staaten auf Rousseau reagiert. John Adams (von 1797 bis 1800 Präsident, aber auch politischer Theoretiker) setzt gegen Rousseaus *volonté générale* die stets gespaltenen Voten einer Gesellschaft und gegen die unteilbare Souveränität bei Rousseau eine geteilte Souveränität, ein «imperium in imperio». Mit diesem sich realistisch gebenden Votum verkennt Adams, dass die Machtkämpfe innerhalb der Gesellschaft, die Rousseau bekannt waren, Sache der politischen Theorie sind. Es kam Rousseau aber auf ein Prinzip an, das verhindert, sie zur Quelle der Souveränität werden zu lassen. Indem einer der Gründungsväter der USA dies nicht sah oder sehen wollte, bleibt in die Gründung jenes Staatsgebildes der Machtkampf als legitim eingeschrieben, der für Rousseau keine Legitimität zu besitzen vermag. Von Rousseau her gesehen, ist die Angelegenheit noch weitaus gefährlicher, und zwar in doppelter Hinsicht: Zum einen erscheint die amerikanische Verfassung mit ihrer geteilten Souveränität als Übertragung außenpolitischer Machtbalancierungen auf die Konstitution eines Staates. Dass die USA ihre Außenpolitik seit der Monroe-Doktrin von 1823 (Lateinamerika als exklusiv von den USA beanspruchter Raum) als Teil ihrer Innenpolitik betrachten und behandeln können, ist somit letztlich in ihrer Verfassung angelegt. Zum anderen lädt der strukturell gewünschte Machtkampf im Inneren auch solche Mächte ein, daran teilzuhaben (Wirtschaft und organisierte Kriminalität mit PR-Erfahrung), die man nicht dazurechnen möchte, deren Legitimitätstarnung jedoch verhindert, dass man sie jemals wieder loswird. Das von John Adams gegen Rousseau entworfene Design der USA widerspricht nicht nur jenen für Rousseau votierenden Anti-Federalists in der Gründungsphase der USA, die kleine Gemeinschaften und keinen großen Flächenstaat wollten. Es erinnert fatal an jenen von Rousseau beschriebenen Gesellschaftsvertrag des Betrugs, mit welchem die sozialen Gewinner den Verlierern die Ehre gaben, ihnen zu dienen, und ihnen dafür das wenige auch noch nahmen, das sie besaßen.[342]

Ein amüsantes Dokument der Rousseau-Industrie aus dem Jahr 1908: ein Bankett zur Einweihung des Rousseau-Denkmals in Ermenonville. Die Suppe trägt den Namen «Nouvelle Héloïse», und der Champagner heißt «Contrat social».

Durchaus im Geist Rousseaus kehrte Paul Gauguin Ende des 19. Jahrhunderts der europäischen Kultur den Rücken, um malend den Spuren einer noch glücklichen Zivilisation zu folgen: «Um etwas Neues zu schaffen, muss man zu den Quellen zurückgehen, zur Menschheit im Kinderstadium.» Auf Tahiti geschehe «die Erziehung von *Émile* in der hellen Sonne».343

Fidel Castro hatte bei der kubanischen Revolution den *Contrat social* in seiner Tasche. Ebenso war Rousseau 1968 gegenwärtig bei den Mai-Revolten in Frankreich. Jene heute in Vergessenheit geratenen französischen «Neuen Philosophen» der 1970er Jahre wollten Rousseau wieder dem Totalitarismus zuordnen. Doch auch jemand, der im 20. Jahrhundert Ähnliches erlitt wie Rousseau, mit dessen Kulturkritik des Privateigentums übereinstimmte und seinerseits internationalen literarischen Ruhm erlangte, sollte in diesem Kontext nicht unerwähnt bleiben: Es ist der Schriftsteller Jean Genet. Auch Samuel Becketts Erzählung «La fin» nimmt Bezug auf Rousseaus *Rêveries*.344

Produktiven Anschluss an Rousseau finden so verschiedene Autoren wie Claude Lévi-Strauss, Jacques Derrida, Alain Badiou, Philippe Lacoue-Labarthe in Frankreich und in Deutschland Theodor W. Adorno und Jürgen Habermas. Für Habermas gilt, dass seine Diagnose einer «Kolonisierung der Lebenswelt» durch Expertenzugriffe faktisch Rousseaus Kulturkritik fortsetzt, ebenso wie zuvor die «Dialektik der Aufklärung» von Adorno und Max Horkheimer die okzidentale Geschichte als Verblendungszusammenhang darstellt und damit grundsätzlich Rousseau folgt. Habermas denkt indes eher Rousseaus politisch konstruktive Züge weiter als dessen ausweglosen Szenarium gesellschaftlicher Zerrüttung.

In Zeiten drohender Selbstzerstörung des Menschengeschlechts infolge forcierter Hyperproduktion und forciertem Hyperkonsum ist Rousseaus Diagnose einer Kultur, die mit dem Privateigentum und der potenzierten sozialen Ungleichheit ein unter Umständen unabwendbares Verhängnis erzeugt, im globalen Maßstab aktuell geworden. Damit wird es aber auch erforderlich, die Logik dieses Verhängniszusammenhangs genauer zu verstehen. Eine weitere wichtige Neuerung Rousseaus bestand darin, politische Herrschaftsbezüge mit einer Metapher zu bezeichnen (*volonté générale*), verbunden mit der (für ihn selbst enttäuschten) Erwartung, dass sich eine Herrschaft der uneingeschränkten Souveränität des Volkes bilden lassen könne. Der Bezug auf eine Metapher sollte – wie im Fall der Revolution – zum Bezug auf reale Ereignisse werden.[345] Dieser Zusammenhang von Metaphorik und politischer Ereignishaftigkeit verlangt heute nach weiterer philosophischer Reflexion.[346]

Die Dissonanz Rousseaus, seine Entdeckung des Kontrasts zwischen der Glücksfähigkeit aller und dem Unglück, das wir uns mit der Gestaltung unserer Zivilisation selbst zufügen, bedarf am Ende einer Aufklärung und Lösung, die über das entscheiden könnte, was kommen wird. In diesem Sinn bleibt Rousseaus Problem das unsrige.

# Anmerkungen

Die Zitate aus Jean-Jacques Rousseau: Œuvres complètes. Hg. von B. Gagnebin und M. Raymond. 5 Bde. Paris 1959 – 1995, werden mit Kurztitel des Werkes, OC, Bandnummer und Seitenzahl zitiert.
In der Bibliographie dieses Bandes angeführte Titel werden in den Anmerkungen nur in Kurzform genannt. Werke, die allein in den Anmerkungen genannt werden, erhalten bei der ersten Nennung einen vollständigen Nachweis, bei weiteren Nennungen erscheinen sie mit Kurztitel und der Anmerkungsziffer, unter der sie bibliographiert sind.

1 Fragments politiques Nr. 8, OC III, S. 477
2 Discours sur l'origine de l'inégalité, OC III, S. 3
3 R. Darnton in: E. Cassirer u. a.: Drei Vorschläge Rousseau zu lesen, S. 104
4 Émile, OC IV, S. 323
5 Confessions, OC I, S. 32, 38
6 Confessions, OC I, S. 361, 363
7 Confessions, OC I, S. 403
8 J. Casanova de Seingalt: Histoire de ma vie. II. Bd. 5.10. Paris 1993, S. 1839
9 Rêveries, OC I, S. 1210 f.
10 Inzwischen wurde in Frankreich der fiktive Lebensbericht von Rousseaus älterem Bruder, der Zeuge der Überführung von Rousseaus Sarg in das Panthéon wird, als Roman vorgelegt: S. Audeguy: Fils unique. Paris 2003
11 Confessions, OC I, S. 43
12 À M. d'Alembert, OC V, S. 124
13 Fragments autobiographiques. Mon portrait, OC I, S. 1120
14 Confessions, OC I, S. 175
15 Confessions, OC I, S. 174
16 Confessions, OC I, S. 174
17 Zitiert nach: Rousseau. Mémoire de la critique, S. 568
18 J. Voisine, Artikel «Confessions» in: Dictionnaire Rousseau, S. 160
19 Confessions, OC I, S. 10
20 Confessions, OC I, S. 40
21 Confessions, OC I, S. 83
22 Confessions, OC I, S. 110
23 Confessions, OC I, S. 355 f.
24 B. de Saint-Pierre: La vie de Jean-Jacques Rousseau. In: OC I, S. 25
25 Confessions, OC I, S. 7
26 Confessions, OC I, S. 11
27 Confessions, OC I, S. 12
28 Confessions, OC I, S. 29
29 Confessions, OC I, S. 29
30 Confessions, OC I, S. 27
31 Confessions, OC I, S. 15
32 Confessions, OC I, S. 8
33 Confessions, OC I, S. 8
34 Vgl. R. Trousson: Rousseau, S. 36
35 Confessions, OC I, S. 10
36 Confessions, OC I, S. 18
37 Émile, OC IV, S. 454
38 Confessions, OC I, S. 8
39 Confessions, OC I, S. 9
40 Confessions, OC I, S. 9
41 R. Trousson: Rousseau, S. 73
42 Confessions, OC I, S. 642 f., Rêveries, OC I, S. 1045
43 Confessions, OC I, S. 48
44 Confessions, OC I, S. 49
45 Confessions, OC I, S. 103
46 Confessions, OC I, S. 391
47 Confessions, OC I, S. 391 f.
48 Rêveries, OC I, S. 1099
49 Rêveries, OC I, S. 995
50 Rêveries, OC I, S. 999
51 Ausführliche Darstellung der Geschichte von Madame de Warens bis 1728 bei: R. Trousson: Rousseau, S. 71 – 80
52 Émile, OC IV, S. 355
53 Rêveries, OC I, S. 1013
54 Vgl. dazu kritisch Y. Vargas: Rousseau, S. 5
55 Dictionnaire de l'homophobie. Sous la direction de L. G. Tin. Paris 2003, S. 178
56 Émile, OC IV, S. 493
57 Confessions, OC I, S. 67 ff.
58 Émile, OC IV, S. 620 f.
59 Émile, OC IV, S. 507
60 Émile, OC IV, S. 695
61 Vgl. B. H. F. Taureck: Machiavelli-ABC. Leipzig 2003, S. 83 f., 155 f.
62 Montesquieu: Pensées. Le Spicilège. Paris 1991, Nr. 276, S. 270
63 F. Nietzsche: Also sprach Zarathustra I: Von alten und jungen Weiblein. In: Kritische Studienausgabe. Bd. 4. München / Berlin 1980, S. 84 ff.
64 Émile, OC IV, S. 697
65 Vgl. dazu R. Wokler: Rousseau, S. 147 f.
66 Vgl. W. Kruse: Die Französische Revolution. Paderborn u. a. 2005, S. 134 – 148. Die Inschrift nach: Rousseau. Mémoire de la critique, S. 5
67 B. de Saint-Pierre: Paul et Virginie. Paris 1989, S. 61 f.
68 À M. d'Alembert, OC V, S. 94 f., Fußnote Rousseaus

69 Discours sur l'origine de l'inégalité, OC III, S. 158. Voltaire zitiert nach: OC III, Anm. 1 zu S. 158

70 Zitiert nach: G. Lerner: Die Entstehung des feministischen Bewusstseins. Vom Mittelalter bis zur Ersten Frauenbewegung. Frankfurt a. M. 1995, S. 255, 361

71 Zitiert nach: Rousseau: Lettres philosophiques, S. 324–333

72 Rousseau juge de Jean-Jacques, OC I, S. 813

73 Rousseau: Lettres philosophiques, S. 341 ff.

74 Ebd., S. 343

75 Zu anderen Aspekten des Briefwechsels zwischen Henriette und Rousseau vgl. C. Honegger: Die Ordnung der Geschlechter. Die Wissenschaften vom Menschen und das Weib 1750–1800. Frankfurt a. M. 1991, S. 18–30

76 Vgl. Ch. Hensly, R. Tewsburg (Hg.): Sexual Deviance. London 2003, S. 140 f.

77 Confessions, OC I, S. 88

78 Confessions, OC I, S. 88 f.

79 So J. Starobinski: Rousseau, S. 258

80 Confessions, OC I, S. 89

81 Confessions, OC I, S. 90

82 Confessions, OC I, S. 92

83 Confessions, OC I, S. 119, vgl. ebd., S. 91

84 Confessions, OC I, S. 91

85 Confessions, OC I, S. 91

86 Confessions, OC I, S. 91

87 J. W. Goethe: Faust I, Verse 3435 ff. Neben der Vorstellung vom ewigen Überdauern eines Augenblicks und der natürlichen Unverdorbenheit des Menschen (die Gott selbst hervorhebt, «Faust», Verse 338 f.) ist dies eine weitere Anlehnung Goethes an Rousseau.

88 Vgl. Paulus, Römer I.19 ff. Zur natürlichen Religion vgl. J. Lagrée: La religion naturelle. Paris 1991, die allerdings die Paulus-Stelle nicht erwähnt. Klassisch: Cicero: De natura deorum I und De legibus I 24. Zu Sibiuda vgl. E. Faye: Philosophie et perfection de l'homme. De la Renaissance à Descartes. Paris 1998, S. 45–72. Zur Erschütterung des anthropologischen Dogmas, wonach alle Menschen von Natur aus glauben, dass es Götter gibt, durch den von Jean de Léry 1578 auf seiner Brasilienreise erbrachten Nachweis eines atheistischen Naturvolkes vgl. Anm. 202

89 Émile, OC IV, S. 607

90 Vgl. die mit einem aufschlussreichen Essay eingeleitete deutsche Auswahlausgabe: Das Testament des Abbé Meslier. Hg. von G. Mensching. Frankfurt a. M. 1976, S. 76 f.

91 Confessions, OC I, S. 169

92 Confessions, OC I, S. 243

93 Discours sur les sciences, OC III, S. 7, 28

94 B. de Saint-Pierre: Paul et Virginie, S. 31, s. Anm. 67. Den Philosophen Fontenelle lernte Rousseau 1742 kennen.

95 Discours sur les sciences, OC III, S. 351

96 R. Trousson: Rousseau, S. 210

97 Rêveries, OC I, S. 1110, 1084

98 Rêveries, OC I, S. 1015 f.

99 Confessions, OC I, S. 456

100 Émile, OC IV, S. 7

101 Rousseau. Mémoire de la critique, S. 174 f.

102 Ebd., S. 490, 493

103 Rêveries, OC I, S. 1016

104 Rousseau juge de Jean-Jacques, OC I, S. 727

105 Discours sur l'origine de l'inégalité, OC III, S. 156

106 Émile, OC IV, S. 568 f.

107 Zitat des «Encyclopédie»-Artikels nach dem kommentierten Text bei: Lagarde / Michard: XVIIIe siècle. Paris 1985, S. 238–240

108 Rousseau juge de Jean-Jacques, OC I, S. 828

109 Discours sur les sciences, OC III, S. 9, 10, 14, 21, 22, 28, 32. Zur «vertu»-Definition ebd., S. 8. Kritisch zu der älteren Deutung (A. Schinz) F. Bouchardy in: OC III, S. 1421

110 A. Gehlen hat richtig einen «verborgenen Rousseauismus Nietzsches» diagnostiziert. A. Gehlen: Anthropologische Forschung. Zur Selbstbegegnung und Selbstentdeckung des Menschen. Reinbek 1961, S. 83

111 Vgl. F. Bouchardy in: OC III, S. XXVIII f.

112 Discours sur les sciences, OC III, S. 30

113 Lettres écrites de la montagne, OC III, S. 25

114 Discours sur l'origine de l'inégalité, OC III, S. 131 f.

115 Discours sur l'origine de l'inégalité, OC III, S. 135

116  Discours sur l'origine de l'inégalité, OC III, S. 126

117  Essai sur l'origine des langues, OC V, S. 395

118  Vgl. OC V, S. 1560 f.

119  Essai sur l'origine des langues, OC V, S. 395

120  Discours sur l'origine de l'inégalité, OC III, S. 132

121  Discours sur l'origine de l'inégalité, OC III, S. 138. Vgl. zu Montaigne und Diderot in diesem Kontext OC III, S. 1311 f.

122  Discours sur l'origine de l'inégalité, OC III, S. 162

123  Discours sur l'origine de l'inégalité, OC III, S. 1318

124  Discours sur l'origine de l'inégalité, OC III, S. 164. Es scheint, dass eine vergleichbare Kritik des Privateigentums als Ursprung aller sozialen Übel zuerst bei dem Kirchenvater Johannes Chrysotomos auftauchte, dessen Kritik sich im 17. Jahrhundert bei Pascal wiederfindet. Vgl. dazu B. Pascal: Pensées. Nr. 31. Paris 2000, S. 86, Fußnote 1

125  Rousseau à Christophe de Beaumont, OC IV, S. 935

126  Discours sur l'origine de l'inégalité, OC III, S. 152; vgl. Rousseau à Christophe de Beaumont, OC IV, S. 936

127  Vgl. I. Kant: Die Religion innerhalb der Grenzen der bloßen Vernunft, 1793, und J. Ortega y Gasset: Miseria y esplendor de la traducción / Elend und Glanz der Übersetzung. Ebenhausen o. J., S. 36 f.

128  Discours sur l'origine de l'inégalité, OC III, S. 160

129  Discours sur l'origine de l'inégalité, OC III, S. 166, 167, 169, 174

130  Vgl. B. H. F. Taureck: Zwischen den Bildern, S. 26 – 29

131  Discours sur l'origine de l'inégalité, OC III, S. 166 ff.

132  Discours sur l'origine de l'inégalité, OC III, S. 171

133  Discours sur l'origine de l'inégalité, OC III, S. 220

134  Discours sur l'origine de l'inégalité, OC III, S. 193

135  Discours sur l'origine de l'inégalité, OC III, S. 172

136  Discours sur l'origine de l'inégalité, OC III, S. 177 f.

137  Discours sur l'origine de l'inégalité, OC III, S. 191

138  Discours sur l'économie politique, OC III, S. 272 f.

139  K. Marx: Das Kapital. Kritik der politischen Ökonomie. Bd. I. Berlin 1972, S. 774, Anm. 232

140  Discours sur l'origine de l'inégalité, OC III, S. 181, 177

141  Zitiert nach H. Meiers kritischer Ausgabe des «Diskurs über die Ungleichheit», S. 398

142  Vgl. dazu vor allem: M. Heidegger: Die Technik und die Kehre. Pfullingen 1962

143  C. Lévi-Strauss: Tristes tropiques. Paris 1955, S. 467

144  Rousseau juge de Jean-Jacques, OC I, S. 935

145  Vgl. B. H. F. Taureck:

Zwischen den Bildern, S. 105 – 118; vgl. C. Lévi-Strauss: Tristes tropiques, S. 467 f., 496 f., s. Anm. 143

146  OC III, S. 683, Motto der «Lettres écrites de la montagne»

147  Vgl. M. J. Villaverde, Artikel «Vitam impendere vero» in: Dictionnaire Rousseau, S. 924 f.

148  Confessions, OC I, S. 495 f., 501 f.

149  «À M. d'Alembert» über die Schauspiele als Essay: OC V, S. 79, Fußnote Rousseaus

150  À M. d'Alembert, OC V, S. 61, 62, 64, 68

151  Zitiert nach: Jean-Jacques Rousseau: Lettre à d'Alembert. Hg. von M. Buffat. Paris 2003, S. 217

152  Émile, OC IV, S. 677

153  À M. d'Alembert, OC V, S. 106

154  À M. d'Alembert, OC V, S. 114 – 120, S. 85

155  Rousseau an Deschamps, 12. Sept. 1761 (Nr. 1490), in: Rousseau. Lettres philosophiques, S. 229. Die Schriften von Dom Deschamps erschienen 1993 in zwei Bänden: L.-M. Deschamps: Œuvres philosophiques. Hg. von B. Delhaume. Paris 1993. Zu Deschamps (und Rousseau) vgl. besonders A. Robinet: Dom Deschamps. Le maître des maîtres du soupçon. Paris 1974

156  Zum Vergleich zwischen beiden Autoren vgl. aus der älteren Forschung G. Desnoiresterres: Voltaire et la société au XVIIIe siècle. Voltaire et J.-J. Rousseau.

Genf 1976 (urspr. 1871). Als Grundbuch der moderneren Sicht gilt: H. Gouhier: Rousseau et Voltaire. Portraits dans deux miroirs. Paris 1983. Beide Darstellungen opfern indes grundlegende Konturen des Konflikts einem oft wenig hilfreichen und unübersichtlichen Materialreichtum.

157 Vgl. R. Trousson im Anschluss an E. Showalter in: Dictionnaire Rousseau, S. 930 f.

158 Rousseau: Correspondance complète II, S. 92; OC I, S. 1333

159 Confessions, OC I, S. 214

160 Confessions, OC I., S. 541 f.

161 Confessions, OC I, S. 1536

162 Rêveries, OC I, S. 1777

163 Brief Voltaires an Rousseau vom 30. August 1750, zitiert und übersetzt nach R. Trousson (Hg.): Jean-Jacques Rousseau. Mémoire de la critique. Paris 2000, S. 135. Rousseau: Correspondance complète, Nr. 5407, zitiert nach: Dictionnaire Rousseau, S. 933. Voltaires Brief an Damilaville vom 3. November 1766 in: Voltaire: Correspondance choisie. Hg. von J. Hellegouarc'h. Paris 1997, S. 852

164 Discours sur les sciences et les arts, OC III, S. 21

165 Zitiert nach: Rousseau: Lettres philosophiques, S. 74. Zum Motiv der Heilung durch das Übel vgl. J. Starobinski: Das Rettende in der Gefahr. Kunstgriffe der Aufklärung. Frankfurt a. M. 1992, S. 186–237

166 Rousseau. Mémoire de la critique, S. 151 f.

167 OC II, S. 972 und Rousseau juge de Jean-Jacques, OC I, S. 935

168 OC I, S. 16

169 É. de Condillac: Traité des animaux. Paris 2004, S. 147, 162

170 Vgl. A. Pope: Essay on Man, Ende des I. Teils. Bei Leibniz vgl. dessen «Essais de théodicée» von 1710, I. Teil

171 Der US-amerikanische Philosoph William James gab 1910 die Vorstellung göttlicher Allmacht auf. Und wenn ein Denker des Judentums wie Hans Jonas als eine Konsequenz der Shoa fordert, die Vorstellung eines allmächtigen Gottes aufzugeben, so setzt er dabei unausdrücklich Voltaire fort, der diese Konsequenz bereits deutlich erwogen hatte: Gott «ist nicht maßlos mächtig. […] Jedes Wesen ist in seiner Natur beschränkt, und ich wage zu sagen, dass das Höchste Wesen beschränkt ist in der seinen.» Zitiert nach: Rousseau: Lettres philosophiques. Anthologie. Hg. von J.-F. Perrin. Paris 2003, S. 107, Fußnote

172 Zitiert nach: Rousseau: Lettres philosophiques, S. 107, Fußnote. Vgl. dazu auch die noch immer lesenswerte Voltaire-Monographie von D. F. Strauss, Leipzig 1870, S. 189 ff. Zu H. Jonas vgl. B. H. F. Taureck: Lévinas zur Einführung. Hamburg 2006; R. Rorty:

Keine Zukunft ohne Träume. In: Süddeutsche Zeitung, Feuilleton-Beilage, 30. / 31. 1. 1999, Nr. 24

173 Wir verfügen zurzeit über zwei einander ergänzende und sorgfältig kommentierte Ausgaben des Briefes in OC IV, S. 1059–1075, 1771–1785, sowie kommentiert in: Rousseau: Lettres philosophiques, S. 89–114

174 Lettre de Rousseau à M. de Voltaire, OC IV, S. 1060

175 Lettre de Rousseau à M. de Voltaire, OC IV, S. 1061

176 Confessions, OC I, S. 429

177 Lettre de Rousseau à M. de Voltaire, OC IV, S. 1070

178 Vgl. Platon: Politeia 279c. Zu Platons Einflüssen auf Rousseau vgl. (mit weiterer Literatur) den Platon-Artikel von Y. Touchefeu in: Dictionnaire Rousseau, S. 728 f.

179 Lettre de Rousseau à M. de Voltaire, OC IV, S. 1069

180 Lettre de Rousseau à M. de Voltaire, OC IV, S. 1068

181 Lettre de Rousseau à M. de Voltaire, OC IV, S. 1063. Leibniz fragt, warum es etwas statt nichts gibt, und antwortet mit dem Prinzip des zureichenden Grundes, der im Falle Gottes der primäre selbst existierende Grund ist (Prinzipien der Natur und der Gnade, § 7). Einer der wenigen Interpreten, die Rousseaus Bestätigung der traditionellen Metaphysik in seinem Brief an

Voltaire erkennt, irrt indes, wenn er Rousseaus Existenzbejahung zu dem originellen Teil seiner Antwort auf Voltaire rechnet. Vgl. M. Rang: Rousseaus Lehre vom Menschen, S. 507 ff.

182 Lettre de Rousseau à M. de Voltaire, OC IV, S. 1063

183 Lettre de Rousseau à M. de Voltaire, OC IV, S. 1069

184 Lettre de Rousseau à M. de Voltaire, OC IV, S. 1074

185 Confessions, OC I, S. 429

186 Confessions, OC I, S. 429

187 Émile, OC IV, S. 245

188 Lettre de Rousseau à M. de Voltaire, OC IV, S. 1061

189 Lettre de Rousseau à M. de Voltaire, OC IV, S. 1068

190 M. de Montaigne: Œuvres complètes. Paris 1962, S. 586

191 Émile, OC IV, S. 581

192 Vgl. N. Malebranche: Œuvres I. Paris 1979, S. 341 (De la recherche de la vérité III. II. 6). Dieser Gedanke geht zurück auf den Gottesbeweis aus der Erfahrung in der dritten Meditation von Descartes.

193 Voltaire brieflich 1762, zitiert nach: Voltaire: Correspondance choisie, S. 665, s. Anm. 163

194 Lettre de Rousseau à M. de Voltaire, OC IV, S. 1075

195 Émile, OC IV, S. 174

196 Rêveries, OC I, S. 1480

197 Vauvenargues: Maximes et pensées. Monaco 2003, S. 186, und: Romans

libertins du XVIIIe siècle. Hg. von R. Trousson. Paris 1993, S. 620

198 Confessions, OC I, S. 565

199 Vgl. B. Pascal: Pensées Nr. 232. Rousseau über den «ennui»: Émile, OC IV, S. 515, 438

200 Confessions, OC I, S. 601

201 Zitiert nach: G. Brandes: Voltaire II, S. 116

202 Interview mit D.-A. Grisoni, in: Jean de Léry: Histoire d'un voyage faict en la terre du Brésil (1578). Paris 2003, S. 11. Man ist versucht, hinzuzufügen: Die Ausrottung der Indianer durch die europäischen Siedler führte dazu, dass man gern bereit war, einem toten Wilden das Prädikat «edel» zu verleihen.

203 Discours sur les sciences, OC III, S. 49. Dazu B. H. F. Taureck: Zwischen den Bildern, S. 107; Fontenelle zitiert nach: Œuvres choisies. Paris o. J., S. 14 f.

204 Voltaire: Lettre au Docteur Jean-Jacques Pansophe (1766), zitiert nach: Rousseau. Mémoire de la critique, S. 360–362

205 B. de Saint-Pierre, zitiert nach: OC I, S. 1702; Rousseau juge de Jean-Jacques, OC I, S. 873 f.; Confessions, OC I, S. 240

206 B. de Saint-Pierre: La vie de Rousseau, S. 30, s. Anm. 24; J. Boswell: Besuch bei Rousseau und Voltaire. Meisenheim 1990, S. 91

207 Vgl. Die französischen Moralisten. Hg. von F. Schalk. Bd. II. Leipzig 1940, S. 110

208 B. de Saint-Pierre: La vie de Rousseau, S. 34, s. Anm. 24

209 Zitiert nach: G. Brandes: Voltaire II, S. 125

210 J. Boswell: Besuch, S. 54, s. Anm. 206

211 Zitiert nach: Friedrich der Große im Spiegel seiner Zeit. Hg. von G. B. Volz. 3. Bd. Berlin o. J. (1926), S. 144 f. Zum Thema Rousseau im Verhältnis zu Friedrich dem Großen vgl. B. H. F. Taureck: Friedrich der Große und die Philosophie. Stuttgart 1986, S. 20 f.

212 Vgl. dazu: G. Brandes: Voltaire I, S. 10–13

213 Confessions, OC I, S. 1579

214 Zitiert nach: Dictionnaire Rousseau, S. 915

215 Vgl. Voltaire: Mélanges. Paris 1961, S. 715–718. Inwiefern Rousseau nach dieser Erfahrung seine autobiographischen Selbstklärungen plante, stellt präzise klar: R. Trousson, Artikel «Voltaire» in: Dictionnaire Rousseau, S. 932 f., und R. Trousson: Rousseau, S. 586

216 Vgl. zu diesem Thema die aufschlussreichen Darlegungen im Artikel «Sklaverei» von E. Flaig in: Historisches Wörterbuch der Philosophie. Bd. 9. Basel 1995, S. 976–985. Eine neuartige intrinsische Verbindung zwischen Sklaverei und Liberalismus stellte her: D. Losurdo: Controstoria del liberalismo. Bari 2006. Vgl. dazu B. H. F. Taurecks Besprechung in: freitext, Oktober 2006

217 Contrat social, OC III, S. 358

218 Vgl. dazu B. H. F. Taureck: Nietzsche und der Faschismus. Ein Politikum. Leipzig 2000, S. 11 ff., 265 ff.; B. H. F. Taureck: Nietzsche-ABC. Leipzig 1999, S. 194–197

219 Discours sur l'origine de l'inégalité, OC III, S. 192

220 Discours sur l'origine de l'inégalité, OC III, S. 188

221 M. Weber: Wirtschaft und Gesellschaft. Grundriss der verstehenden Soziologie. Tübingen 1980, S. 651

222 Confessions, OC I, S. 366

223 Confessions, OC I, S. 79, 95. Zu Borde in: Rousseau. Mémoire de la critique, S. 78 f.

224 Vgl. Dictionnaire de la pensée de Voltaire par lui-même. Textes choisis et édition établie par A. Versaille. Paris 1994, S. 75

225 Rousseau à Christophe de Beaumont, OC IV, S. 939. Der Kampf um das Erbsündedogma scheint eines der großen Themen seit dem 16. Jahrhundert gewesen zu sein. Dazu einschließlich der jesuitischen Position und Rousseaus: A. Zanconato: Le dispute du fatalisme en France, 1730–1760. Paris 2004

226 Zitiert nach: Rousseau. Mémoire de la critique, S. 261, 268, 269, 272

227 Vgl. Dictionnaire de la pensée de Voltaire par lui-même, S. 997, s. Anm. 224

228 Vgl. Romans libertins, S. 617 ff., s. Anm. 197

229 G. E. Lessing: Die Erziehung des Menschengeschlechts, §§ 4 und 77

230 Émile, OC IV, S. 607

231 Lettre de Rousseau à M. de Voltaire, OC IV, S. 1075

232 Vgl. dazu in erweitertem historischen und systematischen Kontext: R. Forst: Toleranz im Konflikt. Geschichte, Gehalt und Gegenwart eines umstrittenen Begriffs. Frankfurt a. M. 2003, S. 352–450

233 Contrat social, OC III, S. 362

234 Jules Simon ausführlich zitiert bei J. Lagrée: La religion naturelle. Paris 1991, S. 117–122. Zu dem Ende des antiken Elitenvorbehalts in der Revolution und ihrer Vorbereitung vgl. B. H. F. Taureck: Zwischen den Bildern, S. 35 ff., 69 ff.

235 Contrat social, OC III, S. 468

236 Contrat social, OC III, S. 468

237 Vgl. dazu B. H. F. Taureck: Zwischen den Bildern, S. 146 f.

238 J. de Léry: Histoire d'un voyage, S. 379, s. Anm. 202

239 Voltaire: Dictionnaire philosophique. Paris 1994, S. 83 f.

240 Nouvelle Héloïse, OC II, S. 463

241 Rêveries, OC I, S. 1047. Vgl. Voltaire: Mélanges, S. 116, s. Anm. 215; Voltaire: Dictionnaire philosophique, Artikel «Athée, athéisme». Paris 1994, S. 83 f., s. Anm. 239; Émile, OC IV, S. 633; P. Th. d'Holbach: Brief an

Eugénie. In: ders.: Religionskritische Schriften. Berlin 1970, S. 464 f.; Lettre à M. de Franquières, OC IV, S. 1137; J. Starobinski: Rousseau, S. 168–170; M. Raymond: Fußnote zu OC I, S. 1047; Rêveries, OC I, S. 1800; Rêveries, OC I, S. 1047, und Nouvelle Héloïse, OC II, S. 463

242 Émile, OC IV, S. 621. Zu Voltaire vgl. Dictionnaire de la pensée de Voltaire, S. 704, s. Anm. 224; P. Th. d'Holbach: Das entschleierte Christentum. In: ders: Religionskritische Schriften, S. 71 ff., s. Anm. 241

243 Contrat social, OC III, S. 377

244 Vgl. in diesem Sinn R. Pomeau: Introduction zu: Jean-Jacques Rousseau: Julie, ou la Nouvelle Héloïse. Paris 1960, S. XVIII

245 Zitiert nach der Seuil-Ausgabe von Rousseau: Confessions. Paris 1967, S. 293, Fußnote

246 Confessions, OC I, S. 444

247 Rousseau: Lettres philosophiques, S. 116

248 Nouvelle Héloïse, OC II, S. 13

249 G. Guillargues, mit seinem kurzen, klassischen Briefroman «Lettres portugaises», traduits en français» von 1669, wurde erst 1962 als Autor identifiziert. Andere Briefromane folgten von Autoren wie Edme Boursault, Anne Ferrand, Françoise de Grafigny (die mit Rousseau persönlich bekannt war, die er jedoch, wie Diderot urteilte, weder als Frau

noch als Autorin mochte) und Jean-Joseph Vadé, vgl. Lettres Portugaises, Lettres d'une Péruvienne et d'autres romans d'amour par lettres. Hg. von B. Bray und I. Landy-Houillon. Paris 1983

250  Vgl. OC II, S. 1351. Passende Zusammenfassung, verbunden mit souveräner Einschätzung, bei H. Berthaut: De Candide à Attala. Paris 1968, S. 164–167

251  D. de Rougemont: L'amour en occident. Paris 1972, S. 181 ff.

252  Vgl. Rousseau juge de Jean-Jacques, OC I, S. 1685, und: Dictionnaire Rousseau, S. 189 f.

253  M. Delon, R. Mauzi, S. Menant: Histoire de la littérature francaise. De l'Encyclopédie aux Méditations. Paris 1998, S. 333

254  Nouvelle Héloïse, OC II, S. 31, 38

255  Nouvelle Héloïse, OC II, S. 520 f.

256  Nouvelle Héloïse, OC II, S. 697

257  Zitiert nach R. Trousson: Rousseau, S. 385

258  Contrat social, OC III, S. 360

259  Contrat social, OC III, S. 360. Zur Input-Output-Legitimität der Demokratie vgl. F. W. Scharpf: Governing in Europe. Effective and Democratic? Oxford 1998, S. 7–21

260  Contrat social, OC III, S. 359

261  Contrat social, OC III, S. 361

262  Contrat social, OC III, S. 360

263  Vgl. in diesem Sinn B. Bernardis Kommentar

in: Jean-Jacques Rousseau: Du contrat social. Paris 2001, S. 195 f., gegen R. Dérathé

264  Vgl. ähnlich W. Kersting: Rousseaus «Gesellschaftsvertrag», S. 54 f.

265  Zu beiden kritisch Ch. Bertram: Rousseau and the Social Contract, S. 76–80

266  Contrat social, OC III, S. 289

267  Émile, OC IV, S. 468

268  Émile, OC IV, S. 59

269  Confessions, OC I, S. 113

270  Confessions, OC I, S. 119

271  Émile, OC IV, S. 598

272  Émile, OC IV, S. 598. Helvétius zitiert nach: Les matérialistes au XVIIIe siècle. Présenté par J.-C. Bourdin. Paris 1996, S. 185

273  Vgl. Diogenes Laertios VII. 85. Zu Rousseau und Stoa vgl. M. Forschner: Rousseau. Freiburg / München 1977, S. 190 f., und ders.: Die Stoa als Inspirationsquelle der Aufklärung. In: ders.: Über das Handeln im Einklang mit der Natur. Grundlagen ethischer Verständigung. Darmstadt 1998, bes. S. 51 ff. Zum Thema «Entfremdung» bei Rousseau vgl. den Artikel «Aliénation» von B. Baczko in: Dictionnaire Rousseau, S. 21

274  Émile, OC IV, S. 470

275  Émile, OC IV, S. 478

276  Émile, OC IV, S. 351

277  Émile, OC IV, S. 690. Vgl. B. H. F. Taureck: Zwischen den Bildern, S. 65

278  Vgl. Montaigne: Essais I.25; vgl. P. Richards bedeutsam bleibende

«Introduction» zu seiner «Émile»-Ausgabe in den Classiques Garnier. Paris 1964, S. XLI

279  Émile, OC IV, S. 468 f. Diogenes von Sinope wird der Satz zugeschrieben, es komme darauf an, «für alles Zustoßende bereit zu sein» («pros pasan tychen pareskeuasthai»), Diogenes Laertios VI.63.

280  Émile, OC IV, S. 324

281  Émile, OC IV, S. 324

282  Émile, OC IV, S. 323

283  Rousseau juge de Jean-Jacques, OC I, S. 687

284  Émile, OC IV, S. 323

285  Émile, OC IV, S. 343 f. In der modernen pädagogischen Aneignung Rousseaus wird auch von einer «Bildung und Erziehung zum Glück» bei Rousseau gesprochen. Vgl. R. Bolle: Jean-Jacques Rousseau. Das Prinzip der Vervollkommnung des Menschen durch Erziehung und die Frage nach dem Zusammenhang von Freiheit, Glück und Identität. Münster u. a. 2002, S. 151–155

286  H. von Hentig: Rousseau oder die wohlgeordnete Freiheit, S. 54 f.

287  Zitiert nach: B. de Saint-Pierre: Paul et Virginie, S. 167, Fußnote, s. Anm. 67

288  Confessions, OC I, S. 5

289  Vgl. R. Gallianis Artikel «Augustin» in: Dictionnaire Rousseau, S. 63

290  Confessions, OC I, S. 85 f.

291  Confessions, OC I, S. 129

292  Zitiert nach: Rousseau: Lettres philosophiques, S. 60 f.; vgl. auch den Kommentar Perrins

dort. Das ärztlich voraus-
gesagte Lebensende
Rousseaus: Confessions,
OC I, S. 361

293  Confessions, OC I,
S. 415

294  Vgl. R. Trousson:
Rousseau, S. 186 ff.

295  Confessions, OC I,
S. 594

296  Confessions, OC I,
S. 1546, 594

297  Die Schilderung um-
fasst knapp vier Seiten in
der Pléiade-Ausgabe,
OC I, S. 134–138

298  Confessions, OC I,
S. 162

299  Confessions, OC I,
S. 168

300  Confessions, OC I,
S. 164

301  J. de la Bruyère: Les
Caractères. Paris 1962,
S. 339, De l'homme
128 (V)

302  Confessions, OC I,
S. 163

303  Confessions, OC I,
S. 164

304  Confessions, OC I,
S. 643 f.

305  Confessions, OC I,
S. 234

306  Confessions, OC I,
S. 253

307  Confessions, OC I,
S. 73

308  Confessions, OC I,
S. 76

309  Confessions, OCI,
S. 320 ff.

310  Contrat social, OC III,
S. 407

311  Confessions, OC I,
S. 527

312  Voltaire und Thérèse
Levasseur zitiert nach:
Trousson: Rousseau,
S. 178, 180

313  Confessions, OC I,
S. 414

314  Confessions, OC I,
S. 413

315  Confessions, OC I,
S. 640

316  Testament (1763),
OC I, S. 1225

317  Eine ebenso kundige
wie ausgewogene Dar-
stellung von Rousseaus
England-Aufenthalt
bietet R. Trousson: Rous-
seau, S. 616–657

318  Rousseau juge de
Jean-Jacques, OC I, S. 990

319  Rêveries, OC I, S. 996

320  Rêveries, OC I, S. 997

321  Rêveries, OC I, S. 1003

322  R. Descartes: Medita-
tiones de prima philoso-
phia. Vgl. dazu B. H. F.
Taureck: Zwischen den
Bildern, S. 154–161

323  Rêveries, OC I, S. 999

324  Rêveries, OCI, S. 1047,
vgl. S. 999

325  Rêveries, OC I, S. 1045

326  Lettre à Malesherbes,
OC I, S. 1141

327  B. Pascal: Pensées.
Nr. 130, s. Anm. 124

328  Zitiert nach: R. Trousson: Rousseau, S. 726

329  Zitiert nach: H. Cou-
let, Artikel «Suicide» in:
Dictionnaire Rousseau,
S. 874

330  Comte de Las Cases:
Le Mémorial de Sainte-
Hélène. Bd. 1. Paris 1983,
S. 283, Anm.

331  G. de Nerval: Œuvres.
Paris 1986, S. 614 (Sylvie
IX)

332  Le Moniteur n° 24
du 24 vendémiaire an III
(15. Oktober 1794), zitiert
nach: Rousseau. Mémoire
de la critique, S. 605

333  Zitiert nach: B. Rahal:
Vers le parc Jean-Jacques
Rousseau, S. 88

334  Den Hinweis, dass die
Rousseau-Statue an Genf
vorbeiblickt, verdanke
ich Deniz Utlu.

335  M. (de) Robespierre:

Discours. Paris 1965,
S. 269 f.

336  B. Constant: Principes
de la politique (version
1806–1810). Paris 1997,
S. 31–49, Zitat: S. 56;
B. Russell: Philosophie
des Abendlandes. Ihr
Zusammenhang mit
der politischen und
sozialen Entwicklung.
München / Wien 1999,
S. 693. Die Kausalitäts-
these vertritt: K. M.
Baker: Inventing the
French Revolution.
Essays on French Political
Culture in the Eighteenth
Century. Cambridge
1990. Belege zu Paul
Sakmann vgl. P. Jehle:
Werner Krauss und die
Romanistik im NS-Staat.
Hamburg 1996, S. 118

337  Vgl. dazu zusammen-
fassend R. Troussons
Artikel «Totalitarisme
(histoire de la critique)»
in: Dictionnaire Rous-
seau, S. 888 f.

338  Zur Revolution, die
die Aufklärung schuf,
die interessante Studie
von R. Chartier: Die
kulturellen Ursprünge
der Französischen Revo-
lution. Frankfurt a. M.
1995. Abbé Sieyès zitiert
nach: N.-B. Robisco: Jean-
Jacques Rousseau, S. 428

339  Vgl. den Artikel
«Rousseau» von B. Manin
in: F. Furet, M. Ozouf:
Dictionnaire de la
Révolution française.
Paris 1992, bes. S. 462.
Auch I. Fetscher:
Rousseaus politische Phi-
losophie. Zur Geschichte
des demokratischen
Freiheitsbegriffs. Frank-
furt a. M. 1975, S. 269 ff.
Zu Royer-Collard vgl.
Le libéralisme. Textes

choisis et présentés par M. Garandeau. Paris 1998, S. 117 – 120

340 Der Aufklärer Abbé Morellet wirft Rousseau im 5. Kapitel seiner «Mémoires sur le dixhuitième siècle et sur la Révolution» 1821 vor, die «wahrhaft zerstörerischen Prinzipien» einer «Gleichheit der Güter, des Eigentums, der Autorität des Einflusses auf die Gesetzgebung» vertreten zu haben. In: Mémoires de l'abbé Morellet. Paris 1988, S. 121

341 I. Fetscher: Rousseaus politische Philosophie, S. 256, s. Anm. 339

342 Zitiert nach: A. de Lamartine: J.-J. Rous-

seau. Son faux contrat social. Paris 1926, S. 170 – 188. Zu John Adams und Rousseau vgl. J. P. Goffinon: Aux origines de la révolution américaine: John Adams. Brüssel 1996, S. 111 – 115. Zu rousseauistischen Anti-Federalists s. die Einleitung von I. Kramnick in: James Madison, Alexander Hamilton und John Jay: The Federalist Papers. London 1987, S. 43 f.

343 Vgl. dazu B. Leclair in: Jean-Jacques Rousseau: Discours sur l'origine et les fondements de l'inégalité parmi les hommes. Hg. von H. Barré-Mérand. Paris 2006, S. 107 – 118;

P. Gauguin: Oviri. Écrits d'un sauvage. Paris 1974, S. 140, 316

344 Vgl. E. White: Jean Genet. Biographie. München 1993, S 109; zu Beckett vgl. P. Brockmeier: Samuel Beckett. Stuttgart / Weimar 2001, S. 81 f.

345 Vgl. B. H. F. Taureck: Metapher, Ereignis, Bild. In: P. Hofmann, A. Matena: Christus-Bild. Icon + Ikone. Paderborn 2009

346 Zu den beiden Themen mit Bezug auf Rousseau: B. H. F. Taureck: Zwischen den Bildern. Metaphern – kritische Essays über Liberalismus und Revolution. Hamburg 2006, bes. S. 105 – 118

## Zeittafel

1712 28. Juni: Jean-Jacques Rousseau in der Altstadt von Genf als zweiter Sohn des Uhrmachers Isaac Rousseau und seiner Ehefrau Suzanne aus dem Hause Bernard geboren.
7. Juli: Tod der Mutter.

1718 Der Vater verlegt Wohnung und Werkstatt in das Handwerkerviertel St. Gervais.

1722 Nach Streit mit einem Mitbürger verlässt der Vater Genf und zieht nach Nyon. Jean-Jacques wird der Aufsicht seines Onkes Gabriel Bernard unterstellt, der den Jungen

dem Pfarrer Jean-Jacques Lambercier in Bossey zur Erziehung übergibt.

1724 Lehrling beim Gerichtsschreiber Masseron.

1725 26. April: Nach Entlassung durch Masseron wird Jean-Jacques Lehrling beim Graviermeister Du Commun.

1728 14. März: Kehrt nach Ausflug in die Umgebung Genfs nicht mehr zu Du Commun zurück. Nach kurzem Aufenthalt bei Madame de Warens in Annecy wandert er nach Turin. Aufnahme ins Hospiz für Konvertiten.

23. April: Übertritt zur katholischen Kirche. Lakai in Turiner Adelshäusern.

1729 Sommer: Rückkehr zu Madame de Warens nach Annecy. Erfolgloser Besuch eines Priesterseminars, sodann Chorist und Musikschüler.

1730 Wandert als Landstreicher, Musikant und Musiklehrer durch die Schweiz und Frankreich.

1731 Juni–August: Erster Aufenthalt in Paris.
September: Begibt sich zu Madame de Warens nach Chambéry. Arbeit im Katasteramt von Savoyen.

1732 Juni: Verlässt das Amt, wird Musiklehrer und Gehilfe von Madame de Warens.

1734 Erste Liebeserfahrung mit Madame de Warens.

1735 Beginn der Idylle von Les Charmettes, dem Landhaus der Madame de Warens.

1737 Juni: Unfall bei chemischen Experimenten. Juli: Kurze Reise nach Genf zur Regelung von Erbschaftsfragen. Kuraufenthalt in Montpellier.

1738 Februar–März: Rückkehr zu Madame de Warens, die einen anderen Liebhaber gefunden hat. Rousseau bleibt trotzdem in Les Charmettes. Lektüre und autodidaktische Studien.

1740 April: Wird Hauslehrer in Lyon. Entwirft ein *Projet pour l'éducation (Projekt für die Erziehung)* des Sohnes der Familie de Mably.

1741 Im Frühjahr gibt er die Hauslehrerstelle auf. Aufenthalte in Les Charmettes, wiederum in Lyon und vielleicht auch in Paris.

1742 Juli: Endgültige Übersiedlung nach Paris. Unterbreitet der Académie des Sciences ein Projekt, die bisherigen Noten durch Zahlen zu ersetzen. Nach Ablehnung verteidigt er die Erfindung in der *Dissertation sur la musique moderne*

*(Abhandlung über die moderne Musik)*.

1743 Die *Dissertation* erscheint als Buch. Umgang mit der Adelsfamilie Dupin-Francueil. 10. Juli: Verlässt Paris, um Sekretär des französischen Botschafters in Venedig zu werden. Ausarbeitung der *Dépêches de Venise (Depeschen aus Venedig)*.

1744 Herbst: Nach Streit mit dem Botschafter Rückkehr nach Paris.

1745 Beginn des Verhältnisses mit Thérèse Levasseur. Umgang mit Diderot, Condillac und anderen Literaten. Umarbeitung des Festspiels «Die Prinzessin von Navarra» von Voltaire und Rameau zu dem Singspiel *Les fêtes de Ramiro (Die Feste Ramiros)*.

1746 Wird Sekretär und Faktotum im Hause Dupin-Francueil. Zum Jahresende wird der erste Sohn aus dem Verhältnis mit Thérèse geboren, den Rousseau ebenso wie vier Kinder, die in den folgenden Jahren zur Welt kommen, dem Findelhaus übergibt.

1747 9. Mai: Tod des Vaters in Nyon.

1748 Bekanntschaft mit seiner späteren Mäzenin Madame d'Épinay.

1749 Abfassung von Musikartikeln für die «Encyclopédie».

1750 Die Akademie von Dijon gibt dem

*Discours sur les sciences et les arts (Rede über die Wissenschaften und Künste)* den Preis.

1751 Kündigt Stellung im Hause Dupin-Francueil, wird Notenkopist.

1752 18. Oktober: Aufführung des Singspiels *Le Devin du village (Der Dorfwahrsager)* vor Ludwig XV.

1753 *Lettre sur la musique française (Brief über die französische Musik)* entrüstet die Pariser Musikwelt. Arbeitet am *Discours sur l'origine et les fondements de l'inégalité parmi les hommes (Rede über den Ursprung und die Grundlagen der Ungleichheit unter den Menschen)*.

1754 1. Juni: Reist mit Thérèse nach Genf. 1. August: Wiederaufnahme in die kalvinistische Kirche.

1755 Der *Discours sur l'origine de l'inégalité* erscheint in Amsterdam.

1756 9. April: Übersiedlung in das ihm von Madame d'Épinay überlassene Gartenhaus «Ermitage» bei Montmorency. *Lettre de J.-J. Rousseau à Monsieur de Voltaire (Brief von J.-J. Rousseau an Herrn de Voltaire)* mit Polemik gegen Voltaires «Gedicht über das Unglück von Lissabon». Abfassung der ersten Briefe des späteren Romans *Julie, ou la Nouvelle Héloïse (Julie oder Die neue Heloise)*.

1757    Passion für die Comtesse d'Houdetot.
15. Dezember: Verlässt die «Ermitage» und zieht nach Montmorency in das Gartenhaus Mont-Louis. Bruch mit Madame d'Épinay, Grimm und Diderot.

1758    *Lettre à d'Alembert sur les spectacles* (*Brief an d'Alembert über die Schauspiele*).
13. September: Manuskript *Julie oder Die neue Heloise* beendet.

1759    6. Mai: Übersiedlung in das «Kleine Schloss» in Montmorency auf Einladung des Duc de Luxembourg. Arbeit am *Émile* und *Contrat social* (*Gesellschaftsvertrag*).

1761    *Julie oder Die neue Heloise* wird bei Erscheinen in Paris ein großer Erfolg. Trotz Krankheit stellt Rousseau die Manuskripte des *Émile* und des *Gesellschaftsvertrags* fertig.

1762    April: *Der Gesellschaftsvertrag* erscheint in Amsterdam.
Mai: *Émile* erscheint zugleich in Paris und Amsterdam. Nach Konfiszierung und Verdammung des *Émile* durch das Pariser Parlament sowie Haftbefehl gegen den Autor verlässt Rousseau am 9. Juni Montmorency und begibt sich in die Schweiz. Da die Genfer Behörden *Émile* und *Gesellschaftsvertrag* am 19. Juni verdammt und verbrannt haben, reist Rousseau nach Neuchâtel. Erhält Asyl durch den Gouverneur

Lord Keith, bezieht im Juli ein Haus in dem Juradorf Môtiers.

1763    *Lettre à Christophe de Beaumont* (*Brief an Christophe de Beaumont*): eine Verteidigung gegen den Erzbischof von Paris, der den *Émile* verurteilt hatte.
16. April: Wird Bürger des zu Preußen gehörenden Fürstentums Neuchâtel.
12. Mai: Verzicht auf das Bürgerrecht der Republik Genf.

1764    Disput mit dem Genfer Generalprokurator Tronchin in den *Lettres écrites de la montagne* (*Briefe vom Gebirge*).
Voltaire greift Rousseau in dem anonymen Pamphlet «Sentiments des citoyens» («Was Bürger empfinden») an. Entwurf einer Verfassung für Korsika. Beginn der Arbeit an der Lebensbeichte *Les Confessions* (*Die Bekenntnisse*).

1765    *Dictionnaire de musique* (*Wörterbuch der Musik*) zusammengestellt.
6. September: Flucht aus Môtiers nach Verfolgung durch die Bevölkerung auf die einsame Île de Saint-Pierre im Bieler See.
25. Oktober: Auf Befehl der Berner Regierung verlässt Rousseau die Insel Saint-Pierre. Aufenthalte in Basel, Straßburg und Paris.

1766    4. Januar: Reise nach England in Begleitung David Humes. Von London zieht Rousseau bald in das

Dorf Chiswick, im März weiter nach Wootton.

1767    Mai: Rousseau und Thérèse Levasseur begeben sich nach Frankreich. In den nächsten Jahren leben sie, oft unter falschem Namen, in abgelegenen Adelssitzen wie dem Schloss Trye oder kleinen Orten wie Bourgoin und Monquin in Südfrankreich.

1768    30. August: Eheschließung mit Thérèse Levasseur.

1769    November: Reise nach England.

1770    Juni: Rückkehr nach Paris. Wiederaufnahme der Arbeit als Notenkopist. Abschluss des Manuskripts der *Bekenntnisse*.

1771    Die Polizei verbietet Rousseau Vorlesungen aus den *Bekenntnissen*.

1772    *Considérations sur le gouvernement de Pologne* (*Betrachtungen über die Regierung von Polen*). Beginn der autobiographischen Dialoge *Rousseau juge de Jean-Jacques* (*Rousseau als Richter von Jean-Jacques*). In den nächsten Jahren botanische Exkursionen in die Umgebung von Paris sowie Briefe und Aufsätze über Pflanzenkunde.

1776    Beginn der letzten autobiographischen Aufzeichnungen *Rêveries du promeneur solitaire* (*Träumereien des einsamen Spaziergängers*). Finanzielle Notlage.

1778    20. Mai: Übersiedlung nach Ermenon-

ville auf das Gut des Marquis de Girardin.
2. Juni: Tödlicher Schlaganfall gegen elf Uhr vormittags. Am 4. Juli Beisetzung auf einer Insel im See des Parks von Ermenonville.

**1782** Die aus dem Nachlass herausgegebenen autobiographischen Schriften erregen Aufsehen.

**1794** 11. Oktober: Überführung des Sarges aus Ermenonville in das Pariser Panthéon.

## ZEUGNISSE

### Madame Roland

Ich war 21 Jahre alt, ich hatte viel gelesen, ich kannte eine beträchtliche Zahl von Schriftstellern; doch Rousseau gab mir damals einen Eindruck vergleichbar mit dem, den mir Plutarch mit acht Jahren gegeben hatte: Es schien, als sei dies die Nahrung, die mir zukam, und der Übersetzer von Gefühlen, die ich vor ihm hatte. Doch nur er allein verstand sie mir zu erklären. Plutarch hatte mich eingestimmt, Republikanerin zu werden. Er hatte jene Kraft geweckt und jenen Stolz, die den Charakter ausmachen; er hatte mir den echten Enthusiasmus der politischen Tugend und der Freiheit inspiriert. Rousseau zeigte mir das häusliche Glück, das ich beanspruchen konnte, und die unaussprechlichen Wonnen, die ich zu genießen fähig war.
*Mémoires, 1795 (Marie-Jeanne Roland, geb. Philipon, 1754 – 1794, als Frau des Girondisten Roland hingerichtet)*

### Lord Acton

Rousseau bewirkte mit seiner Feder mehr als Aristoteles oder Cicero oder Augustinus oder Thomas von Aquin oder mehr als jeder andere, der einmal gelebt hat.
*Brieflich an Mary Gladstone*

### Georg Brandes

Die Griechen nannten den Dichter Poietes: einen Macher, Former, Gestalter. Für die Römer war er Vates: ein Seher, Prophet, Wahrsager.
Voltaire war als Denker und Schreiber Poeites, Rousseau als revolutionärer und gefühlvoller Religionsstifter Vates.
Voltaire formgebend und bis zur Übertreibung Formen schätzend. Rousseau formsprengend, bis zur Sentimentalität unter Pathos der Fürsprecher des Urgefühls.
Das positive Wesen beider ist in Tausende von Geistern übergegangen, während die Werke ins Halbvergessen gesunken sind.

Beide siegten am stärksten im Negativen. Voltaire sprengte die Religion des alten überlieferten Régimes, Rousseau dessen Gesellschaft.
*Voltaire, 1923*

### Claude Lévi-Strauss

Rousseau, so verschrien, schlechter bekannt als jemals, der lächerlichen Anklage ausgesetzt, die ihm eine Glorifizierung des Naturzustands zuschreibt – worin man den Irrtum Diderots, aber nicht den seinen erkennen kann –, denn er hat genau das Gegenteil gesagt […] Rousseau, der am meisten ethnographische Philosoph […] Rousseau, unser Meister, Rousseau, unser Bruder, gegen den wir so viel Undankbarkeit gezeigt haben.
*Tristes tropiques, 1955*

# Bibliographie

Die Bibliographie beschränkt sich einerseits auf eine konzentrierte Auswahl und setzt andererseits neue Akzente.

## Werkausgaben

Die heute maßgebliche Ausgabe erschien als *Œuvres complètes* (OC) in fünf Bänden bei Gallimard in der Pléiade-Reihe. Alle Texte sind dort ausführlich mit Einführungen und forschungsrelevanten Fußnoten versehen.
Band I, Paris 1959, enthält die autobiographischen Schriften Rousseaus, das heißt vor allem die *Confessions* und die *Rêveries du promeneur solitaire* sowie die Dialoge *Rousseau juge de Jean-Jacques*.
Band II, Paris 1964, enthält neben den Theaterstücken Rousseaus seinen Roman *Julie, ou la Nouvelle Héloïse*.
Band III, Paris 1964, enthält die politischen Schriften, das heißt die beiden *Discours*, den «Gesellschaftsvertrag» (*Du contrat social*) und die *Lettres écrites de la montagne* u. a. m.
Band IV, Paris 1969, enthält vor allem *Émile ou de l'éducation* und unter anderem auch zwei wichtige Briefe Rousseaus, nämlich an Beaumont, den Erzbischof von Paris, und an Voltaire 1756 (über das Erdbeben von Lissabon).
Band V, Paris 1995, enthält die musikästhetischen Schriften Rousseaus und unter anderem seinen Brief an d'Alembert sowie seine Abhandlung über den Ursprung der Sprachen.

## Wichtige Einzelausgaben der Werke in französischer Sprache bieten:

Rousseau, J.-J.: Du contrat social. Hg. von B. Bernardi. Paris 2001
–: Œuvres complètes I. Œuvres autobiographiques. Hg. von M. Launay. Paris 1967
–: Du contrat social. Précédé d'un essai sur la politique de Rousseau par Bertrand de Jouvenel, accompagné des notes de Voltaire et d'autres contemporains de l'auteur et suivi de deux autres essais sur la pensée de Rousseau par Bertrand de Jouvenel. Paris 1978

## Die Briefe Rousseaus liegen vor als:

Correspondance complète. Hg. von R. A. Leigh. 51 Bände. Genf 1965–1995
Jean-Jacques Rousseau: Lettres philosophiques. Hg. von J.-F. Perrin. Paris 2003 (hilfreich kommentierte Auswahl)

## Von den deutschen Ausgaben seien genannt:

Jean-Jacques Rousseau: Diskurs über die Ungleichheit. Discours sur l'origine de l'inégalité. Kritische Ausgabe des integralen Textes mit sämtlichen Fragmenten und ergänzenden Materialien, nach den Originalausgaben und den Handschriften neu ediert, übersetzt und kommentiert von Heinrich Meier. Paderborn u. a. 2001
Jean-Jacques Rousseaus Schriften. Hg. von Henning Ritter. 2 Bde. Frankfurt a. M. 1995

## Hilfsmittel

Jean-Jacques Rousseau. Mémoire de la critique. Textes réunis par Raymond Trousson. Paris 2000. (Hier werden auf 630 Seiten all jene Texte von Zeitgenossen zu Rousseaus Schriften versammelt, die seine extreme Wirkung auf seine Zeit dokumentieren. Ohne sie wäre nicht abschätzbar, inwiefern Rousseau von Anfang an ungebrochene Aufmerksamkeit zuteilwurde.)
Trousson, R., Eigeldinger, F. S. (Hg.): Dictionnaire de Jean-Jacques Rousseau. Paris 2001 (grundlegendes Hilfsmittel für alle Rousseaus Leben, Denken und seine Zeit betreffenden Fragen)
–: Jean-Jacques Rousseau au jour le jour. Chronologie. Paris 1998 (unverzichtbare Feinchronologie zu Rousseaus gesamtem Leben)

## Einführungen

Casini, P.: Introduzione a Rousseau. Bari 1999
Mensching, G.: Rousseau zur Einführung. Hamburg 2000
Ritzel, W.: Jean-Jacques Rousseau. Stuttgart 1959
Sturma, D.: Jean-Jacques Rousseau. München 2001
Wokler, R.: Rousseau. Freiburg i. Br. 2004

## Zur Epoche

Boswell, J.: Besuch bei Rousseau und Voltaire. Meisenheim 1990
Brandes, G.: Voltaire. 2 Bde. Berlin 1923
Cassirer, E.: Die Philosophie der Aufklärung. Hamburg 2007 (zuerst 1932)
Chartier, R.: Die kulturellen Ursprünge der Französischen Revolution. Frankfurt a. M. / New York 1995
Robisco, N.-B.: Jean-Jacques Rousseau et la Révolution Française. Une esthétique de la politique. Paris 1998

## Biographie

Trousson, R.: Jean-Jacques Rousseau. Paris 2003 (derzeit umfassendste Biographie)

## Weitere Literatur

Audi, P.: Rousseau: une philosophie de l'âme. Paris 2008
Bernardi, B: La fabrique des concepts. Recherches sur l'invention conceptuelle de Rousseau. Paris 2006
Bertram, Ch.: Rousseau and the Social Contract. London 2004
Brandt, R., Herb, K. (Hg.): Jean-Jacques Rousseau. Vom Gesellschaftsvertrag oder Prinzipien des Staatsrechts. Berlin 2000
Cassirer, E., Starobinski, J., Darnton, R.: Drei Vorschläge Rousseau zu lesen. Frankfurt a. M. 1995
Charbonel, N.: Philosophie de Rousseau. 3 Bde. Lons-le-Saunier 2006
Goldschmidt, V.: Anthropologie et politique. Les principes du système de Rousseau. Paris 1983
Hentig, H. v.: Rousseau oder die wohlgeordnete Freiheit. München 2003
Herb, K.: Bürgerliche Freiheit. Politische Philosophie von Hobbes bis Constant. München / Freiburg i. Br. 1999
Kersting, W.: Jean-Jacques Rousseaus «Gesellschaftsvertrag». Darmstadt 2002
Lacoue-Labarthe, Ph.: Poétique de l'histoire. Paris 2002
Rahal, B.: Vers le parc Jean-Jacques Rousseau. Ouvrage réalisé par Baptiste Rahal. Conseil général de l'Oise. O. O. 2005
Rang, M: Rousseaus Lehre vom Menschen. Göttingen 1965
Riley, P. (Hg.): The Cambridge Companion to Rousseau. Cambridge / New York 2001
Starobinski, J.: Jean-Jacques Rousseau. Eine Welt von Widerständen. München 1988
Taureck, B. H. F.: Zwischen den Bildern. Metaphern – kritische Essays zwischen Liberalismus und Revolution. Hamburg 2006
Vargas, Y.: Rousseau. L'énigme du sexe. Paris 2007

## Danksagung

Mein Dank für Anregungen, Gespräche und Hinweise gilt Gérard Bensussan (Strasbourg), Rita Floyd (Oxford), Rolf-Hermann Geller (Hannover), Jürgen Habermas (Frankfurt a. M.), Ishay Landa (Wien / Ber Sheva), Deniz Utlu (Berlin), Matthias und Nicola Weiß (Regensburg). Ein gesonderter Dank geht an den international renommierten Rousseau-Forscher Raymond Trousson (Bruxelles), dessen Hinweise mir manchen Irrtum erspart haben.

## Über den Autor

Bernhard H. F. Taureck lehrt Philosophie an der Technischen Universität Braunschweig. Zahlreiche Veröffentlichungen, u. a. «Metaphern und Gleichnisse in der Philosophie», Frankfurt a. M. 2004; «Philosophieren: Sterben lernen?», Frankfurt a. M. 2004; «Die Menschenwürde im Zeitalter ihrer Abschaffung», Hamburg 2006, (portug. / brasil. Übersetzung 2007). 2004 erschien in 3. Auflage seine Rowohlt-Monographie «Michel Foucault» (rm 50509, 1997).

## Quellennachweis der Abbildungen

© National Gallery of Scotland, Edinburgh / The Bridgeman Art Library: Umschlagvorderseite
Bibliothèque nationale de France, Paris: 1 und 3, 115 (Dép. des Estampes, Ef. 86, in fol. [f. 59]), 121 (Dép. de la Musique)
akg-images, Berlin: 6 (Musée d'art et d'histoire, Genève; Foto: Erich Lessing), 39 (Musée du Louvre, Paris; Foto: Erich Lessing), 49 (Museum Stadt Königsberg, Duisburg), 52, 61 (Musée Carnavalet, Paris), 85 (Museo Thyssen-Bornemisza, Madrid), 126 (Aargauer Kunsthaus, Aarau)
© Musée d'art et d'histoire, Genève, Schweiz: 12 / 13 (Inv. 1979-0081; Foto: Jean-Marc Yersin)
Bibliothèque de Genève, Centre d'iconographie genevoise: 17, 19, 21 (Depositum der Société auxiliaire im Musée d'art et d'histoire, Genève), 99; 122 (mit freundlicher Genehmigung der Société Jean-Jacques Rousseau, Genève)
Musée d'art et d'histoire, Département des arts plastiques, Neuchâtel, Schweiz: 23 (Inv. AP 717)
ullstein bild, Berlin / Roger-Viollet: 27, 40, 77, 101, 135 (Musée Carnavalet, Paris)
© Bildarchiv Preußischer Kulturbesitz, Berlin: 31 (National Portrait Gallery, London; Foto: Jochen Remmer), 47 (Christ's College, Cambridge; Foto: Lutz Braun), 73 (Alte Pinakothek, München; Foto: BStGS), 136 (Fontaine-Chaalis, Abbaye Royale de Chaalis – Musée Jacquemart-André; Foto: RMN, Bulloz), Umschlagrückseite oben (Musée du Louvre, Paris; Foto: RMN, Jean-Gilles Berizzi) und Umschlagrückseite unten (Staatsbibliothek zu Berlin – Preußischer Kulturbesitz; Foto: Carola Seifert)
Bibliothèque de Genève, Manuskriptabteilung: 34 (Ms. fr. 224, p. 8 – 9)
ullstein bild, Berlin: 53
Foto des Verfassers: 55, 76, 132, 133
Aus: (André) Lagarde et (Laurent) Michard: Littérature de XIIIIe siècle. Paris 1970: 66
Musée J. J. Rousseau, Montmorency, Frankreich: 104 (Inv. 2003.0.12), 120 (Inv. IR. 2002.870.2), 138 (IR.2002.876.1)
Aus: Georg Holmsten: Jean-Jacques Rousseau. Reinbek 1972, ¹⁷2005 (Slg. Holmsten): 111, 125
Aus: Baptiste Rahal: Vers le parc Jean-Jacques Rousseau. Conseil général de l'Oise. O. O. 2005: 142 (Institut de France, Abbaye de Chaalis)